BLACK SWAN 黑天鹅图书

为 人 生 提 供 领 跑 世 界 的 力 量

BLACK SWAN

U0912795

高效阅读

20分钟读懂一本书

[日] 渡边康弘◎著
金磊◎译

1冊20分、
読まずに「わかる！」
すごい読書術

北京联合出版公司
Beijing United Publishing Co.,Ltd.

推荐序 阅读越主动，越高效

公众号“章鱼读书”创始人：陈章鱼

“二战”期间，纳粹德国在整个欧洲焚毁了超过1亿册图书。而在大洋彼岸，全美国的图书馆管理员发起“胜利图书运动”，号召全国民众捐赠图书，号召出版社出版专供军队的图书。整个“二战”期间，一共有1.4亿册图书被发放到士兵手中。文化以它特有的温柔坚韧的方式，打赢了自己的战争。

故事还没有结束。

这些捐赠的图书，让很多士兵爱上了读书和学习，战后，美国大学中有超过一半的学生是退伍军人，这些老兵认真、勤奋，以至于被平民学生称为“该死的平均分提高者”。

这就是阅读的力量，让我们的心灵免受摧残，让我们的伤口更快愈合。

感谢这个时代，大家越来越认识到阅读的重要性，秉持读书无用论的人越来越少。身边那些以前不怎么读书的朋友，现在也都纷纷表示要多多拿出时间读书。

这固然是好事，但是我们却不能止步于此。知道多读书，只是一个起点，接下来，我们还会面对更多问题。

我们应该读哪些书？

我们应该怎么读书？

我们如何借助书籍真正改变自己？

我们在阅读之前需要做哪些准备？

我们在阅读之后还需要做些什么？

阅读能给我们带来改变，但是并不代表随随便便的阅读就能达到我们想要的效果。读书也是一个技术活，只有正确的方法，才能让我们更轻松、更高效、更有收获。

只有这样，我们才能借助书籍的力量改变自己，我们才会更加相信阅读，依赖阅读。

这本《高效阅读》提供了一个完整而系统的“技能包”。从选择书籍，到阅读书籍，再到应用书籍，每个阶段都给出了简单易学又非常实用的方法，帮助我们提升自己的阅读技巧。尤其是重点介绍的“共振阅读法”，相信能让你的阅读事半功倍。

更为难得的是，作者在书中体现出阅读的“战略观”。

在那本著名的《如何阅读一本书》中，作者提出了一个非常重要的观点：阅读越主动，效果越好。而在这本《高效阅读》中，作者处处体现出了这种“主动”的阅读观。读者不是被图书牵着鼻子走的人，而是有着明确方向，借助书籍完成提升的自我教育者。这样主动进取的态度，也是当下大家在读书时多多少少需要学习的。

所以，这本书为我们带来的，不只是方法上的升级，也有战略的转变。希望你能在这本书的帮助下，成为更聪明的读书人。

本书的使用说明

关于本书的阅读方法，你可以像平时一样，从第1页第1行的内容开始，一字一句地读到最后。当然，也可以采用跳跃式，甚至运用此前你所掌握的快速阅读法来浏览本书。

但是，如果你尝试下面这些方法，**将会使你的阅读发生极大的改变哦**。

▲试着去判断本书中的内容是否对你有用

用3分钟去做……

请一边保持深呼吸，一边快速翻阅本书。同时在心中自问："我最想了解的内容，在哪一页上呢？"然后随机翻开一页。如果这一页的内容能够激起你继续阅读下去的兴趣，或者正好就是你想要了解的内容，那么本书一定就是对你有用的一本书了。

▲在开始阅读本书前，先试试这样做吧！瞬间提升阅读速度的诀窍

1.阅读的同时保持缓慢的呼吸

很多快速阅读法的共通之处，就在于对“呼吸”的要求。在看书的同时，用5秒钟的时间吸气，再用5秒钟的时间呼气，以此为一个循环进行“深呼吸”的动作。（这么做的理由，请参考第20页的内容）

2.以无法看清书中文字的速度，快速地翻阅书籍

虽然眼睛无法看清文字，但是信息已经进入我们的脑中了。（其原因，请参考第47页的内容）

3.想好阅读的目的

这样能让我们更有效地找到想要了解的信息。（其原因，请参考第69页的内容）

▲立刻付诸实践！共振阅读法

当你将本书看完一遍以后，请再尝试下面的流程，这样能加深你对本书内容的理解。

用20分钟去做……

花20分钟的时间，来把握本书内容的要点。尝试按照第2章所介绍的“共振阅读法”步骤，快速地阅读本书。

再用30～60分钟去做……

之后再用60分钟的时间，来完全掌握“共振阅读法”的内容。如果正好有自己想看的书，可以准备好纸和笔，然后去亲身实践这个方法。按照之前所了解的步骤，一边阅读，一边在纸上绘制“共振地图”。

通过本书所介绍的“共振阅读法”改变了自己人生的人

■“未读完的书”大大减少

“共振阅读法”能让我仅用20分钟的时间就掌握一本书的整体内容，真的非常有用。对于我这种有“从第一页读到最后一页”习惯的人来说，真可谓是一种革命性的改变，是划时代的一种方法。现在，**我一天能看大约三本书，宛如做梦一样。“未读完的书”，也大大地减少了**。

——项目经理、培训讲师小林正和

■以前那些敬而远之的书籍，现在也能轻松阅读

不用从第一页读到最后一页，只需要从书中找到对自己来说必要的信息，这种方式让我恍然大悟。**以前那些敬而远之、晦涩难懂的书籍，现在也能轻松地阅读**，这种变化让我自己都大吃一惊。

——大型物流公司职员、网络杂志作者下良香林

■冒出了很多令人惊讶的想法！

我现在在德岛地区运营“创客空间”与“创业孵化器”项目。

之前一直为思考新的活动创意以及产品企划而烦恼。在使用了“共振阅读法”以后，**我冒出了很多此前从未有过的想法，新产品的开发、服务方案、商业模式的架构等一些必要的关键词，都自动从书中涌现了出来**。让我能更得心应手地去应对交流或会议，同时，也想出了很多具有可行性的想法。

——德岛创新中心观元真人

■即使是英文书籍，也只需一个小时就能读完

对我来说，这种阅读方法有两大优势：其一，**原先需要用两个月的时间才能看完的英文书籍，现在只需短短的一个小时就能读完**。其二，之前一直是利己主义式的生活方式，完全没想过周围的人。但通过这个阅读方法，让我开始去体会作者的心情，从而在现实生活中也**开始注意他人的心情，相较于以前来说，会更多地实施利他主义的行为**。

——IT公司顾问奥田将史

■不再被书籍牵着鼻子走，变为双向交流式的阅读

在我看来，“共振阅读法”就是可以让读者“不再被书籍牵着鼻子走”的一种阅读方法。

读者**能够与作者保持平等的关系，就某一主题进行思考**。如果是从头开始阅读的话，很容易受作者理论的影响。作为读者，也许会不断地在“被说服”与“反驳”之间徘徊，但最终还是会回到作者的观点上来。而通过“共振阅读法”，就能将这样一种单方面的阅读，变为双向交流的形式。

迄今为止，我从未在阅读方面遇到过问题。在与书籍建立“关系”方面，也属于比普通人更快的那一类人。正因如此，我对这种双向交流的形式感到非常惊讶与感动。

——心理学家筒井顺子

■马上就能进行“输出”

我在主办名为“金泽历活”的历史朝活[①]活动。每周都要就新的主题发表讲话，多亏了“共振阅读法”，让我能轻松准备每周的讲话内容。“共振阅读法”的魅力就在于，不仅能对大脑进行“输入”的工作，也**能让大脑马上“输出”内容**。

——“金泽历活”主办人安藤龙

① 在日本，越来越多的白领开始利用短暂的清晨时光，给自己的生活增添一些乐趣。他们利用早晨的时间学外语、学茶道、学弹琴，形成了“朝活一族”。

■**让自己成长的一种阅读方法**

通过坚持使用这种阅读方法，让我感觉“只用几十分钟就能看完一本书”“一天内进行海量的阅读”等这样强调**“只用很少的时间”，不过是其众多优势中的一个而已**。实际上就我自己来说，既有花20分钟的，也有需要用90分钟才能看完的书。这是一种能够自由控制的阅读方法。除此之外，其最大的魅力还在于，能将阅读获得的信息化作自己的行为。**让自己从明天开始一点点地发生变化，播下成长的种子**。

——一级建筑师、在线读书会主办人川口孝男

■**接触到这一阅读方法，一用就是五年多**

“共振阅读法”通过一张“共振地图”，就能让读者体验到自己与书籍之间的关联。通过向作者提问、依照自我的情绪进行阅读，从而在找出答案的“瞬间”，感受到这种阅读方法的“妙处”。**曾经有好多次，我体验到“通过关注身边未曾留意过的信息，让所有事物都联系到一起”**，能够让我们从作者那里获得只针对自己而非其他任何人的答案。这些内容也是对我们强有力的支持，促使我们进一步落实到行动中。

——学校教员西胁美江子

■一年阅读600本书，让顾问意见的质量也得到了提升

我在前20年里，基本上能做到一年的阅读量达到300本以上。在掌握了“共振阅读法”之后，这个数字翻了一倍变成了600本。此外，**我向他人给出顾问意见的质量也有很大改善，思考内容的速度也比以前有了大大的提升**。

——经营顾问新田晃

目 录

序章 阅读和英语都很弱的我，如何做到一年阅读500本商业管理类英文书籍？

◆掌握了阅读的能力，你的人生将有哪些变化？

你是很擅长阅读呢，还是在这方面很头痛？

所有的“阅读”活动都是要花费时间的。

可结果往往是我们花费了时间，却还是记不住书中的内容。

请想象一下，当你掌握了阅读的能力后，那将会是什么样子？

我们经常会购买自己感兴趣的读物，最后却都没有读完。当我们掌握了阅读的能力后，**将不再有这种“未读完的书”了**。

在工作上，我们也会遇到很多不感兴趣但又不得不去阅读的材料，**如果能毫不费力地看完上司交给的课题书，说不定上司对你的评价也会变得很高哦**。

另外，我们还可以实践这些通过阅读所掌握的内容，**也许会给我们的人生带来很大的改变**。

本书就是帮助你实现这些想法的一本书。

而且，还不用为此进行特别的训练。

这就是本书所介绍的**“共振阅读法”，使用之后，每本书只用20分钟就能读完的快速阅读法**。

当掌握了这个方法后，你就能像看漫画一样顺畅地翻阅书籍，在很短的时间内就能完成阅读。节省出来的时间，并不是让你去玩手机的，而是可以更多地用于创造性的脑力活动。

◆注意力的集中只能保持20分钟

真正能用于阅读的时间，只有“短短的20分钟”而已，了解这一点是很重要的。

这句话是我从国外一位著名的畅销书作家那里听来的。

当初Kindle电子书阅读器发布时，这位作家非常兴奋和期待，因为可以通过Kindle了解到自己读者的阅读进度，以及书中的哪一部分是他们标记“高亮”的（因为可以显示出有多少读者对某处内容进行了高亮标记）。

但是，**结果显示，大部分人只在前20页进行了标记的操作，然后就没有然后了**。

对于不擅阅读的人来说，如果1页的内容要花1分钟才能看完的话，那么，**从他开始阅读之后算起，大概20分钟的时间就会产生“受挫”的感觉**。

而擅长阅读的人，一般读完200页的内容，只需花2个小时的时间。也就是说，他们只用了相当于一场电影的时间就完成了阅读。

“电影”是只需要你坐在那儿就可以欣赏的“被动接受的”媒体。但是，“阅读”却是与之完全不同的。阅读者必须集中自己的注意力，才能完成整个过程。

所以，**不擅阅读的人读了20分钟以后会感到“受挫”，也就理所当然了**。

这里提到的“20分钟”时间，其实是有科学依据的。

因为，**人集中注意力的时间，只能保持20分钟**。

作为支撑的证据，大家可以看看以下这些“服务”的特点：

例如，YouTube视频网站，该“服务”在提供之初就只能上传时长不超过10分钟的视频。

而知名的演讲活动——TED的每一次演讲时长，也都是大约18分钟。

这些设定，可能都是因为“人的注意力只能保持20分钟”这一事实吧。

正因为注意力只能保持20分钟，所以相对来说，阅读完一本书可真的是要花费大量的时间啊。

而且，经常是看完了全书后，却复述不出前三页的内容。

所以，请各位放宽心。如果你也是看完记不住书的内容，大可不必认为自己就是不擅阅读的人。因为大部分人都是这样的状态。

◆不需要进行复杂的训练

“共振阅读法”是一个非常特殊的快速阅读法。它有着与以往所有的速读法、阅读法完全不同的流程。

其最大的特点就是，“只需要用到一张纸”。然后，就可以实现20分钟完成阅读。

通过这个方法，**可以不用读完一本书所有的内容，就能做到“从这本书中学到了许多”“了解到最需要的那1%的信息”**。

而且，这些内容还会深深地印刻在你的脑海中，并在需要时就能够回想起来。

本方法的另一大优点，就是**不需要经过复杂烦琐的训练就能掌握**。

以往的一些快速阅读法，可能会要求你必须去训练眼球的运动，或者是做很多毫无实际意义的速读练习。

的确，在经过几个月的训练后，可能会起到一些效果。

但是，很多人对于这种训练并不感兴趣，甚至会在训练的过程中"倍感挫折"。老实说，这些倒不如说是"增加挫折感"的训练。而且，通过认知科学、脑科学的最新研究成果，结合对经典学习法的分析，我们也明白了这些训练并没有那么神奇，并非必要的。

我写作本书的初衷，就是希望能消除大家在"阅读"这件事上的心理阴影，能成为你的最后一本"传授阅读方法"的书。

同时，也希望你能通过阅读，找到改变自己人生的突破口。

◆从10岁到91岁都可实践的方法，并且将改变你的人生

迄今为止，学习掌握"共振阅读法"的人，都获得了极大的改变。

实现阅读速度的成倍提升，可以阅读大量的书籍。

不仅如此，通过这一全新的阅读方法，还**有人实现了一直想做的事情和梦想**。

而让我自己都深感惊讶的是，任何人都能够掌握这一方法。

实际上，**一个10岁的小女孩也可以看完500多页厚的经营管理类书籍**。她在花了20分钟阅读完以后，说出了下面这些话。

“我看完这本书后，明天去了学校就可以马上在班级管理中运用起来。通过这本书的内容，我了解到，人的才能是体现在很多方面的。所以，我会让自己去接受这种多样的个性。”

不仅仅是这个孩子，很多学生都能够实现这样的阅读水平。

当然，如果是成人的话，还能有更快的阅读速度。通过**阅读让自己产生能改变人生的想法，真的改变了自己的人生**。

所以，这个方法是不受年龄限制的。无论是十几岁、二十几岁、三十几岁、四十几岁、五十几岁……**甚至最年长还有91岁的，都能够顺利掌握这个方法**。

◆让完全不擅阅读的我能够发现改变自己人生的契机

之前我们说过，只需用20分钟的时间就能看完一本书。

也许这会让人觉得：

“这是什么疯狂的想法？”

“肯定是这个作者很擅长阅读，本来就会快速阅读法。”

的确，以往那些传授阅读方法的书籍，都是给那些本来就很喜欢、很擅长阅读的人所写的吧。

但是，这里我要羞愧地告诉大家实话，**10年前的我还是个完全**

不懂阅读的人。

无论我怎样拼命努力去阅读，都要花几乎2个月的时间才能读完一本书。比较薄的书，要花1个月的时间；厚一点的书则需要一年半载，这对于我来说都是很正常的事情。

上小学时，老师曾要求写一篇对夏目漱石的《我是猫》的读后感，结果我却写道："主人公的猫是有名字的。"由此可见，我不仅阅读的速度很慢，而且阅读理解能力也很差，远不如前面提到的那个10岁的小女孩。

这对我来说，是一件非常"羞耻"的事情。从那件事以后，我就对"阅读"产生了心理阴影。

如果是漫画书的话，用10分钟到30分钟的时间就能看完一本。但是为什么对于普通的书籍，看到一半就会昏昏欲睡呢？明明是想看完的，结果却总是读着读着，就读不下去了。

十年前偶然间碰到的一本书，使我发生了彻底的改变。

当时的我，正处在人生的最低谷。**除了不擅阅读外，我的英语也很糟糕，所以虽然参加了两次大学入学考试，但结果都以失败告终**。**就这样一直处于失学的状态**。

我觉得"自己的人生就这么完了"，几乎想要放弃了。可那天在参加大学入学考试后回家的路上，我看到了那两本封面分别为粉色和白色的书，书名叫作《金钱与英语的非常识关系》，一共有上下两册。

本来以为也是看到一半就放弃的书，结果却不知道什么原因，竟然一直读了下去。

作为一个不擅阅读的人，竟然也一页接着一页地翻了起来。

而且，书中刊载的内容也非常有冲击力。

这些内容，打破了我一直以来对于“阅读”的固有思维。

我以前总是认为，**“看书就必须从第1页的第1行开始，一直读到最后一页的最后一行为止才行”**。

而这本书把我从这个固有思维中解放了出来，并带我进入到一个崭新的“阅读世界”。

我并没有做什么特别的事情，只不过是照着书中所写的方式去阅读，并将学到的内容付诸行动。也就是“阅读然后行动、阅读然后实践”而已。就是这样，我从一个月阅读10本书，逐渐变成30本、50本。

这消除了我在“阅读”这件事上的心理阴影，眼看着变化一点点地发生。要说具体有何变化的话，那就是我自己发生了改变，同时周围的环境也发生了改变。

思想的变化，导致行动的改变。

行动的变化，导致习惯的改变。

习惯的变化，导致性格的改变。

性格的变化，导致人生的改变。

这是我曾经在某本书上看到的句子，事实上，我也真的觉得就是这样。

虽然我没有考上第一志愿的大学，但幸运地进入了大学的夜校，同时也能去图书馆借阅书籍。白天，我就到书中所提到的一些企业去打工。就这样，每天过着“白天工作、晚上学习”的生活。

这也让我从“人生就这样完了”的心态中走了出来。

而且，**在这种“昼勤夜读”的生活状态下，我仅用了一个礼拜就顺利通过了转系的考试**。

大学阶段也一直是边学习边在企业工作，之后又自己创业。在办公司以及做项目的过程中，饱尝各种大大小小的挫折。

几年后，我终于实现了一直以来的一个梦想，那就是成为《金钱与英语的非常识关系》这本书的作者——神田昌典先生的合伙人。现在，我创办了自己的公司，并同时和朋友们一起经营着几家公司，为了创办新的公司在事业上继续努力着。

这些完完全全得益于当初我让自己变得“擅长阅读”。

而且，因为缘分与很多人结识。

人生发生如此的转变……这真的是10年前的自己完全不敢想象

的。仅从这一点来说，阅读真的会产生力量。

在我还不懂阅读的那段日子，真的是很孤独和痛苦。自己一个人的时候，即使想要摆脱这种痛苦，也无从下手。

现如今，书籍成了我最重要的“朋友”。它不仅能伴我度过生意上的困难时期，也能与我一起分享生命中的快乐与幸福。

通过阅读和行动，让我一点点地做到了之前一直想做的事情。

◆连英文书都可以搞定的划时代阅读方法

我一直醉心于20岁时所掌握的这套阅读方法。

如果能将这个阅读方法介绍给更多的人，甚至纳入到学校教育的内容中去，那么我想这个世界将不再有歧视，也不再会有战争了吧。直到现在，我的这个想法也没有改变。

可现实总是令人遗憾的，在学习这个阅读方法的人群中，有的人能切身体会到阅读带来的人生变化；有的人则没有产生这种感觉，甚至至今仍然停留在“不擅阅读”的阶段。

为了打破这一现状，我就在思考，**能否创造出一个不问年龄，谁都可以学会的“新的阅读方法”**呢？

让所有人都能**像看漫画一样轻松**地花20分钟看完一本书，同时还能做到向他人复述出书中的内容。为了创造出这样一种阅读方法，我一直在潜心研究。

通过分析以往的阅读方法和快速阅读法，我整理出了其中的原理。然后，**基于最新的脑科学、行为经济学、认知心理学知识，尝试着去架构出一个崭新的阅读方法，看看会是什么样子**。

在这个过程中诞生的，就是本书所要介绍的“共振阅读法”。

说起这个方法的诞生，还有一段趣事。

当时我在一家创业企业任职，在其新服务企划室和事业企划室工作。在创立新的服务时，除了要了解国内的行业动态外，当然也要研究海外的行业现状。

为了掌握海外的最新商业信息，可以通过互联网进行搜索，但是要想准确地确认信息，还要去阅读原版的英文书籍。

当时，我所尝试的是很多阅读方法中的一种，即通过手掌来感知书籍“能量”的阅读方法。

“通过手掌来阅读？这也太奇怪了吧！”也许很多读者会这样想吧。

老实说，虽然听起来很奇怪，但确实能通过这一简单的方式实现轻松的阅读。

所以，我当时就想着，能不能在这个“手掌阅读法”的基础上，创造一个新的阅读方法呢？经过两三年的不断思考，我终于想出了一个点子。

“除了用手掌来感知一本书的能量以外，难道就不可以用其他的形式来进行了吗？”基于这样的想法，我试着拿出一张纸，并在上面绘制曲线。

结果不可思议的是，通过这条曲线，我同样实现了“阅读书籍”的目的。

我又试着让其他人去实践这一方法，想看看效果到底怎么样。结果很多人都表示这是有效果的。

只要具有一定程度的识字能力，任何人都可以掌握这个方法。使用这种方法能在一瞬间让你获得自己想要了解的信息。

这之后，我出于工作上的需要，又不得不研读英文书籍。而且，每个月必须读50本英文原版的经营管理类书籍。读完以后，还要就此撰写10篇读书报告。这让英语很糟糕的我变得意志消沉。

但是，借助这个全新的“共振阅读法”，**英语很差的我竟然也能很轻松地读完这些英文书籍，甚至感觉自己的英语能力也得到了提升**。

通过这个方法，现在我每个月都能很自然地阅读50本英文书籍。而且，还可以与国外的作者、顾问进行交流，能有这种能力都是“共振阅读法”的功劳。

◆向全世界推广“共振阅读法”

我花了两年的时间，弄清楚了这一崭新的阅读方法背后的原理。

然后，又经过三年时间的亲身实践，并反复研究了大量的文献资料，最终形成了现在你所看到的“共振阅读法”。

现在，**“共振阅读法”已经得到了超过2000人次的体验与实践**。

并被NTT Advance Technology株式会社、铃木 Shinwart株式会社等一些公司所采用，很多的商务人士都在其工作中运用这一方法。

不仅仅是在日本，同时也在全世界的范围内被使用着。

创立了“Photo Reading加速学习法”，并在全球180个国家开展业务的Learning Strategies公司，也**在其加速学习法的教材中，介绍了“共振阅读法”**。

毫无疑问，“共振阅读法”能改变你的阅读习惯，更可以让你激发自己一直被隐藏的才能，从而改变你的生活。

而且，还能帮助你找到解决公司问题的办法。

那么，就跟随我一起翻开这本书，开启这段将会大大改变你阅读能力的旅程吧。

第1章 为什么不用从头看到尾，也能“明白书的内容”？

不仅能让你读得更快，还能改变你人生的阅读方法

你读完一本书，通常要花多少时间?

两个小时？还是一整天？抑或是一周、一个月、三个月，还是……半年呢?

阅读本书的内容，与你目前的阅读水平没有什么关系。

本书所介绍的**“共振阅读法”，其最大的特点，就是能让你平均用20分钟看完一本书，甚至最快只需8分钟就可以搞定**。

不仅能在很短的时间内就掌握一本书的内容，更能让你**瞬间获得自己所需要的信息**。

同时，这个方法还能帮助你**塑造一个全新的自己，制订出相应的行动计划**。通过这个行动计划，让自己的人生朝着希望的方向发展。

· 助你成功跳槽，年收入达到现在的2倍

· 在公司内获得较高评价，成功晋升

· 原本要花2年时间才能写完的论文，只需2天就能搞定

· 人际关系变得更融洽（特别是和家里人的关系）

· 成为畅销书作家

这些都只是一些例子而已，能做到的事情还有许多。

假如你现在所看的这本书，能够改变你的阅读习惯，从而让人生也发生巨大的变化，你会怎么想呢？有哪些事情是能通过阅读实现的呢？

也许**一直堆在桌子上的那些未看完的书能全部看完了**；也许可以亲身去实践那些经营管理类书籍中介绍的内容；也许能**让自己的事业收获更多的成果**。

当然，如果能瞬间获得自己想要了解的信息，那么**一直以来困扰你的问题，就都能够从书本中找到解决的办法了**。

对于长辈、上司、朋友、父母亲送给你的书籍，也能够很快地看完，并**与他们交流读后感想**。

而且，还不需要接受特殊的训练。只需借助本书，就能让你实现用20～30分钟了解一本书的内容。

当然，很多人会认为“这是不可能的”吧。但是，“可能与

否”又是由谁来决定的呢?

是的，只能由你自己来决定。**很多人都是让自己的可能性把自己束缚住了**。

重要的是，你要相信自己能够做到。“假如这是真的话，那将会怎样呢？”“如果真的在现实中做到了，那对我来说将会有何益处呢？”大家不妨带着这样的问题，去尝试一下。

“共振阅读法”就是通过一边绘制“共振地图”，一边与所阅读的书籍之间产生“共振（共鸣）”，就像与作者进行对话一样，

运用“共振阅读法”对本书的内容绘制出的“共振地图”

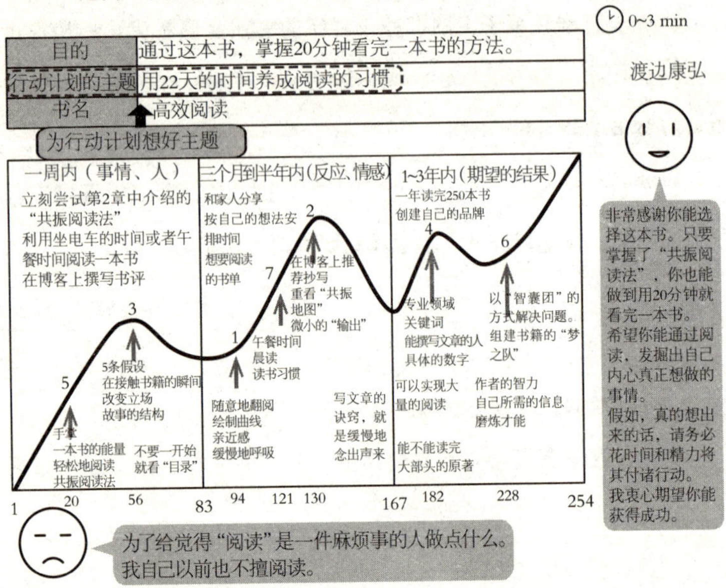

让自己在很短的时间内就能获得所需的信息。

而且，不论是什么题材的书籍都可以运用这个方法，商业管理书籍、小说、专业书籍、英文读物、电子书、报告都没问题。

只要是文字的材料，就可以运用这个方法去阅读。

通过本书的学习掌握“共振阅读法”之后，可以打消你对“阅读”这件事的心理阴影，让你与“阅读”之间形成迄今为止最为亲密的关系。

同时，可以流畅地阅读书籍，也会**让你的才能得到进一步的开发，实现自己一直所期望的人生，每天都能沉浸在喜悦之中**。

一分钟呼吸，帮你集中注意力

在正式开始学习本书的内容之前，首先请大家跟着做下面的动作。

为了帮助大家更好地集中自己的注意力，这里介绍进行“深呼吸”的方法。

瞬间集中注意力的一分钟呼吸法：

1.请留意丹田部位往下约三指的位置；

2.缓慢地让气息从口中呼出，呼气时要能发出声响；

3.缓慢地用鼻子吸气，同样地，过程中也要能发出声响；

4.一吐一吸算作一个循环。用一分钟的时间反复进行这个动作。

也许你会问：“仅靠这个动作就能让我集中注意力吗？”

但是，**美国斯坦福大学进行的意志力研究已经证实，一分钟的**

深呼吸，确实有助于集中注意力。

另外，人的大脑在感受到压力时，会产生β脑电波，而连续进行一分钟的深呼吸动作，则能够将其转换为“放松状态”时的α脑电波。简单地说，当我们的脑电波为α波时，注意力才更容易保持集中。

所以，首先请大家进行深呼吸，然后开始阅读本书的内容吧。

换个看法，就能克服“不擅阅读”

令人颇感意外的是，很多人会认为“自己不擅阅读”。

“无论怎么做都没办法实现更快速的阅读”“完全记不住看过的内容”。

“书的内容太难了。虽然都是用日语写的，但就是看不明白”。

在阅读的过程中，眼皮越来越重，一不留神就昏睡了过去。惊醒后心里想着“今天一定要把这本书看完”。

结果一睁开眼睛，发现自己又睡过去了，实在是懊恼不已。就在这样的过程中，觉得自己无法做到像那些“擅长阅读”的朋友一样，能读完很多书籍并将其用到与他人的对话交流中，而自己只能是“不擅阅读”的人……

我自己曾经也是这样。因为不擅阅读，所以特别向往那种“能快速地阅读，并在谈话中轻松地引用书中内容”的状态，心想那将会是怎样的一种快乐生活。

因此，我去和“擅长阅读”的几十位企业经营者进行了交流。同时，也采访了一些“不擅阅读”的人，由此我发现了那些感觉自己“不擅阅读”的人的共通之处。

不擅阅读者的共同点

·认为“阅读”就是要一字一句地进行理解，并记住这些内容

如果我们每次都要做到一字一句地理解，然后才去看后面的内容，这样无形中就耽误了很多时间。

·虽然能快速地浏览文字，但是这些内容却不能记在头脑中

因为感觉没记住内容，结果又不得不重新回过头去读好几遍。也就是说，即使能做到快速浏览，但因为记不住内容，所以又要重新读。

基于这两大原因，使其在“阅读”上花费的时间要多于他人，从而产生了自己“不擅阅读”的想法。人们往往会陷入这样的两难境地，让自己对“阅读”这件事产生心理阴影。

为了打破这种“阅读”上的窘境，我们该怎么做才好呢？

为此，我们必须对“阅读”这件事有一个新的认识。

这种新的认识就是，将“阅读”分为“用眼睛看”和“用头脑思考”这两大部分。

如果仅仅是“用眼睛看”的话，那就很简单了。**我们对于自己目光所及的事物，都会进行下意识的判断**。相较于视野辽阔时的“眺望”动作，我们在看文字时则会有意识地去“看”。在“看”的过程中，有的人速度会很“缓慢”，有的人则会很“迅速”。

“用头脑思考”这一块，也可以分为“迅速的”和“缓慢的”两种情况。我们首先会获取文字传达的信息，然后再结合自己过去的经验和知识进行思考，从而理解文章的意思。

所以，基于以上内容，我们可以对“阅读”的形式进行归类：

“通读”：这是我们在学校里所学的阅读方法。它要求我们念出声来或者在心里记住内容，是一种要求“眼睛看文字”和“头脑思考”同时进行的阅读方法。

“速读”：将重点放在“用眼睛看”上，是一种很注重时间与效率的阅读方法。为了提高阅读的速度，而去大致“浏览”或者只看必要的内容。

“泛读”：一种以量取胜的阅读方法。首先要阅读大量的书籍，然后再在几本书中进行对比，从而发现不同之处。

“阅读”的四种形式

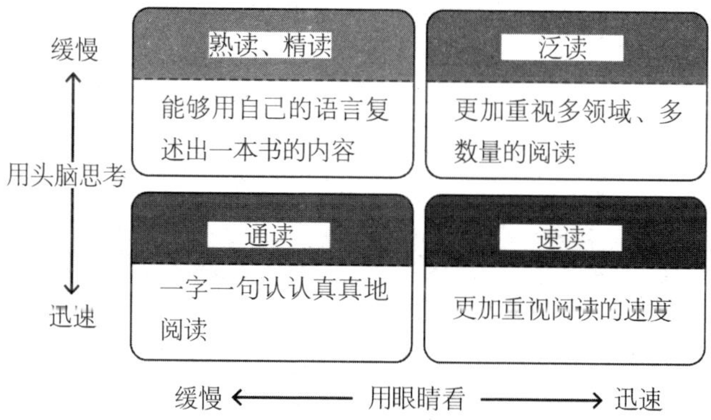
缓慢
用头脑思考
迅速
熟读、精读
能够用自己的语言复述出一本书的内容
泛读
更加重视多领域、多数量的阅读
通读
一字一句认认真真地阅读
速读
更加重视阅读的速度
缓慢
用眼睛看
迅速

高效阅读

“熟读、精读”：准确地阅读，并将书本中的内容消化成为自己的东西。不但要准确地理解作者的观点，还要能找到新的切入口，用自己的语言复述出这本书的内容。

即使不从头到尾读完，也没问题

了解并记住那本书的写作要旨、掌握其内容、理解作者观点的原创性，并找到切入点、品味其文笔……

如果你觉得**第一遍阅读就要做到以上这些事情的话，那你可就大错特错了**。

比如，你去参加联谊会时，面对初次见面的人，在最初的5分钟里，你会与其怎样交谈呢？

肯定不会第一次见面就询问对方的全部情况吧！首先，会问对方的姓名、现在从事的工作，以及今天来参加联谊的理由等。

所以，阅读也是一样的道理，如果我们想在读第一遍时就了解全部的内容，那就相当于第一次见面就想了解对方的全部情况。

我们的大脑在学习时，**如果一次性塞进了各种信息，就会使其陷入“宕机”的状态，整个功能就会停止**。所以，我们在第一遍阅读时完全没有必要这么做。

所谓“学习”这件事，不可能是一蹴而就的，必须通过不断地重复累积，甚至尝试各种方法才能增进我们的理解与记忆，这一点也是早已被科学证实的。

那么，放到“阅读”上来说，就是在**进行第一遍阅读时，要减少我们的“需求”，并且通过尝试不同的阅读方法，来增进我们对书中内容的理解和记忆**。

总之，就像下一页的图示那样，不要试图从“通读”一下子就过渡到“熟读、精读”的状态。在最开始时，我们不必追求一字一句的精确度和对内容的完全理解。即使是专家们常用的阅读方法，对整本书的内容把握，也是要先从“弄清作者的写作要旨”开始的。

之后，如果想要进一步深入了解的话，也不是马上就进行“熟读”，而是大致看一下书后的参考文献清单，并找来其中的几本读一读，从而明白作者写作本书的初衷，然后才过渡到“熟读、精读”的状态。

那些从事知识创造领域的专家，都是按照这个流程来阅读的，如果在第一遍阅读时就想掌握所有的内容，那根本就是一个艰难的挑战。

不要想着从“通读”一下子就过渡到“熟读、精读”的状态！

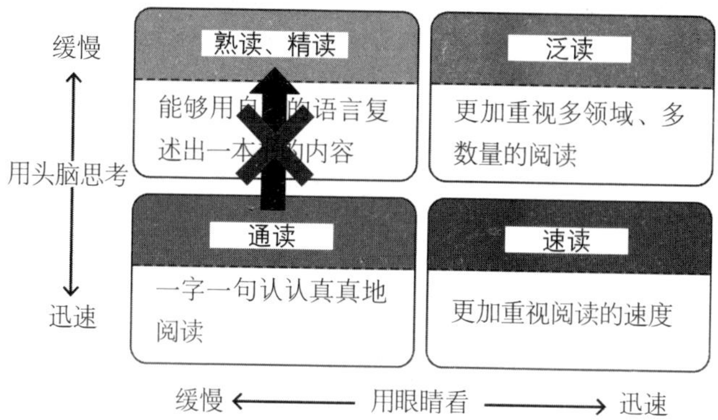

知识创造领域的专家是这样阅读的

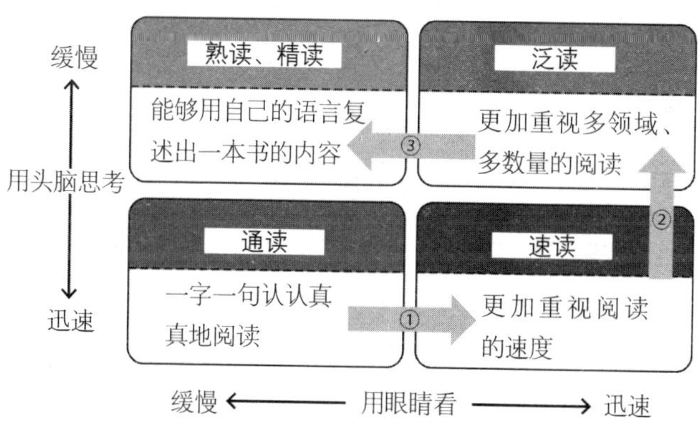

国外电影的字幕与“阅读”之间的关系

那么，为什么说最开始时不要拘泥于一字一句，而是要重视阅读的速度，从整体上把握书中的内容呢？这是因为一开始先快速地浏览一遍文字，能够让我们更容易了解内容。请看下面的例子。

某位30岁的女性，平时只愿意看配音译制版的国外电影。

据她说，这么做的原因是“来不及看字幕”。追着一条条的字幕看，很难马上明白其中的意思。因此，如果看的是国外的原版电影的话，由于看不懂电影的内容，所以在最开始的20分钟就会无聊地昏睡过去。这跟“阅读”是类似的情况。

我曾经在电影公司里做过助理的工作，也有过剪辑电影的经验。

观众对于日语的字幕，差不多1秒钟可以看4个字，而每条字幕都在20个字左右。

因此，观众必须在4～5秒钟内掌握字幕提供的信息。这对于“不擅长阅读”的人来说，确实会很吃力。

但是，有意思的是这位女士接下来所说的话。

她表示，在看国外的一些系列电影时，也能够借助字幕看懂整个故事内容。例如，《碟中谍》系列、《星球大战》系列、《007》系列、《哈利·波特》系列等过去曾经上映过的、著名的电影作品，即使没有日语配音版，只靠字幕也完全不影响其观影。

当我询问其为何会有这种情况时，才了解到背后的原因。因为，从某种程度上来说，这些国外的系列电影都是在前作的基础上，沿用已经登场过的主要人物和故事情节然后再进行展开的形式。所以，即使是看字幕版，也能一直看到最后。

将知识消化变成自己的东西的这个过程，其实也是与之相同的。

我们通过“阅读”去学习知识时，最开始只需要将注意力集中在“用眼睛看文字”这件事上，而不需要进行过于深入的思考。

第一遍阅读时，**将注意力集中在“看”上，先让自己对书中的信息有一个大致的了解**。然后，从第二遍开始，有侧重点地去阅读，只需要将焦点集中在自己所关心的信息上即可。随着阅读次数的增加，整本书的“数据”都将存入到我们的大脑中。

读完一本书后，可以继续去读一读相同题材的其他书籍。如果是电影的话，就可以找来同一个系列或者相同导演或演员的其他作品来看。

因为头脑中已经预先了解了相关信息，所以借助这种“熟悉”

的感觉，可以实现更加快速的阅读。

如果想在快速阅读的同时增进对内容的理解，那么，**首先要做的并不是仔仔细细地去对内容进行“思考”，而是应该将注意力集中在“看”上**。只有这样，才能将你从阅读的困境中解放出来，这也是能让你实现“快速阅读并记住内容”的秘诀所在。

一上来就看目录？或许只会适得其反

我们已经介绍了如何摆脱阅读困境的方法。不过在阅读时，“用眼睛看文字”和“用头脑思考”这两件事是同时进行的。所以，下面再来介绍一个“提高阅读速度”的诀窍。

这是一件很重要的事情，**也是很多人在这方面都存在误解的一件事**。

那就是，很多的阅读方法中，都会推荐采用“从目录开始读”的方式。

无论是擅长阅读的人，还是不擅阅读的人，几乎都会这么做。拿到一本书先从作者简介和目录、前言的部分看起，然后才去阅读正文的内容。

但是，**如果你想在很短的时间内获得自己想了解的信息的话，那么最好现在就改掉“从目录开始看起”的习惯**。

一上来就看目录，这**从认知科学、脑科学的角度来说，将会适**

得其反。

原因也很简单。就是最初通过看目录，会让大脑形成“固定思维”。

的确，“看目录”的做法，也有其起效的一面。如能让我们把握作者的写作视角与创作意图。而作者为了让自己的读者更好地把握书中的信息，也会在目录、文字加粗、简介甚至书籍的装订等方面下功夫。

当然，如果你就是要以“准确把握作者想表达的意思”为目的，那么是可以先看目录的。

但是，如果你想要尽快地从书中获得自己想了解的信息，那最好还是不要先看目录了。

根据我长年以来阅读上万本书籍的经验，有时**对于读者来说真正重要的内容，和作者自己想要传达出来的信息或者观点，二者未必是一致的，多多少少会有一些“错位”发生**。

无独有偶，原京都大学教授大泽真幸先生在他的《“知识技法”入门》一书中所要表达的核心主张，就是“作者想表达的内容”与“读者真正想了解的内容”未必是一致的。

所以，重要的是“你自己的视角”。你的视角决定了你想要了解的信息。

如果在阅读的一开始，就已经**顺着作者的视角，对书的内容产**

生了“固定思维”的话，那就很麻烦了。

虽然我自己不是脑科学家，但是通过阅读脑科学论文，以及与脑科学家朋友的交流，让我形成了这样的观点。

当然，就像很多人所知道的那样，虽然电视、杂志等媒体上经常会介绍一些简单的脑科学知识，但实际上脑科学的研究也并不是万能的。不过，与几十年前相比，现在人类对大脑的了解确实已经有了长足的进步，但仍有很多未知的部分。

在脑科学领域，近年来备受瞩目的是“认知偏差”（cognitive bias）概念，也就是我们这里所说的“固定思维”。

了解一些关于“固定思维”的研究成果，对我们的学习也是很有益处的。

获取真正想了解的信息必须要做的事

我们在了解事物时，主要是通过两种途径来进行认知与记忆的。

途径1：下意识地记忆，没有意图地回忆。

途径2：有意识地记忆，有意图地回忆。

我们常说第一印象非常重要。原因就在于，这些印象是我们下意识接收到的，而且很难被改变。例如，只要我们记住了朋友的相貌和声音，今后即使是不经意间，也能回想起他眼睛的大小或者嗓门的高低等。这些都是在下意识的情况下经由“途径1”处理得到的信息。

然后，几次见面以后，我们会产生“好像与最初见面时给我的感觉不太一样，他真实的一面原来是这样”的想法，并在最初的印象中添加更多的信息，从而逐步改变我们对他的认识。这就是有意识地去修正我们认知的过程，属于“途径2”的范畴。

对于“学习”和“阅读”来说，也是同样的道理。就像幼儿牙牙学语的阶段，会下意识地学习语言那样，我们都会通过“途径1”来下意识地了解并记住很多的信息。

所以说，最开始所看到的内容就显得特别关键了。有时我们下意识接收到的信息，也会对我们之后了解的重要内容带来影响。

也就是说，**如果我们一开始就看书的目录，作者的观点可能就会先入为主地传达给我们，而我们自己真正想要了解的信息，可能就无法获得了**。那么，为了有意识地去改变这种先入为主的印象，我们当然又要付出时间和精力了。

所以，**阅读时的中心应该是“你自己”才对，而不是书籍本身或者作者**。

假如你现在很想喝咖啡，那么是随便给你哪一种咖啡都可以吗？你心里所想的也许是星巴克里的拿铁，也许是便利店里一百日元的咖啡，抑或是让不喝咖啡的希拉里·克林顿都倾心的巴哈咖啡。

我们需要通过沟通和交流，将自己内心的所思所想传达给对方。星巴克的拿铁，也许对你来说并不只是一杯拿铁咖啡而已，还有那带着热量的特大号咖啡杯，以及为了让你享受咖啡的醇香与美味而加入的少许牛奶，总之，这些加在一起才是你想要的咖啡。所以你看，即使是对一杯咖啡的需求，也是因人而异的。

如果一上来就阅读书籍的目录，就好比是强迫自己喝下了由作者推出的、面向上万人的一杯咖啡。

虽然说不出来有什么区别，但是一旦喝下了这杯咖啡，就相当于自己“想喝咖啡”的需求得到满足，**而自己真正期待的东西已经被忘记了**。

本书所介绍的“共振阅读法”，为了实现以“读者”为中心，会要求大家不要从目录开始看起。在阅读的过程中不受作者意图的干扰，以和作者进行平等对话的姿态，在很短的时间内获得自己真正想了解的信息。

“共振”提高阅读的速度

“共振阅读法”能够帮助你在短时间内迅速获得自己真正想要的信息，那么其中的“共振”到底是什么意思呢？

所谓“共振”，在日语中有时也会被写成“共鸣”。指的是音符与音符之间通过叠加重合，从而演奏出和声的意思。

字典上对“共鸣”的解释是，**“物体因共振而发声，如两个频率相同的音叉靠近，其中一个振动发声时，另一个也会发声。也指由别人的某种情绪引起相同的情绪”**。

虽然“共鸣”一词对于日本人来说还显得有些陌生，但是在国外，全球的精英经常会用到这个词。“要让员工对公司的愿景产生共鸣”“我对你的想法产生了深深的共鸣”等，他们会在交流中主动地提及这个概念。

此外，说起“共鸣”，在体育运动中还有一个与之相近的词，即“Zone”。它指的就是心理学上所说的“心流”的状态，表示**整**

个人被卷入进来受到影响的这么一种状态。

而且，“心流”这个词也用来表示人们埋头于自己感兴趣的事情时，那种一瞬间的状态。这个概念首先是由心理学家米哈里·齐克森米哈里提出的，他将个人精力完全投注在某种活动上的感觉，定义为“心流”。

也就是说，**所谓的“共振阅读法”就是让自己与作者所写的这本书之间产生共鸣，从而引导出自己内心的声音以及被隐藏起来的才能**。

通过埋头于阅读，在短时间内掌握自己想要了解的信息，获得激发自己隐藏才能的灵感。这样就能让你以一个理想的状态去阅读，并享受阅读带来的乐趣。

只要掌握了这个阅读方法，你就能做到在很短的时间内完成阅读。每天轻轻松松地看完一本书，一年阅读超过300本书都将不再是问题。

物体的本质，在触碰的瞬间就能感知

我已经说过，“共振阅读法”就是能做到一本书不用全部看完，也能从中获得自己所需信息的一种阅读方法。那么，为什么不用全部看完也可以呢？

秘密就隐含在支撑起“共振阅读法”的5条假设之中。

支撑“共振阅读法”的5条假设：

假设1：在接触到书本的一瞬间，身体就能获得信息。

假设2：无论用多快的速度翻书，大脑中都会留下信息。

假设3：大脑会试图思考这些信息的含义。

假设4：阅读时所处的不同立场，也会使对信息的理解和记忆发生改变。

假设5：以故事情节来阅读的话，能加速我们对内容的理解。

“接触书本的一瞬间，身体就能获得信息？！这种事情怎么可能啊？”

也许你也会有这样的想法吧。

不过，“共振阅读法”并非是毫无科学依据的，而是以各种常识为前提提出假设条件，然后通过检验而创立的。

也就是说，只要这几条假设是成立的，那么就可以做到不用全部看完，就能获得自己所需的信息。

首先，我们来看看第一条假设“在接触到书本的一瞬间，身体就能获得信息”。

之前我们已经说了很多，而这里要老实告诉大家，我们的身体在0.1秒的时间内就能完成“阅读”。

实际上，在拿到书的一瞬间，我们的身体就已经能了解这本书的本质了。总之，在用眼睛看书之前，我们的身体已经掌握了这本书的内容。

也许你会觉得，怎么可能会有这种怪事。我之前也和你有一样的想法。

但是“身体在接触到物体的阶段，就能了解其本质”这件事，已经得到了科学的验证。

下面就来介绍男子网球世界冠军诺瓦克·德约科维奇的经历。

德约科维奇是一名麸质[①]过敏患者，但是他却对检查过敏源的实验非常感兴趣。在其所著的《改变德约科维奇生活的饮食》一书中，就曾介绍过一项能证明“自己的身体能瞬间了解物体本质”的实验。

在检查是否麸质过敏的体质时，医生首先让德约科维奇伸直右臂，然后绷住劲。

医生同时对其右臂施加向下的力。为了确认不同的反应，后来医生又交给德约科维奇一片面包，让他在拿着面包的同时伸直右臂。然后医生跟之前一样，对其右臂施加向下的力。这一次，德约科维奇却完全使不上劲，右臂一下子就垂下去了。

这个实验也被称为“肌肉的运动机能学反射测试”。实验证明了在接触到物体的一瞬间，我们的肌肉是会产生细微反应的。

实际上，用书本也能实现相同的实验。

大家赶快来试试接下来的这个实验吧。抛开先入为主的观念，任何事情都应该先去尝试挑战一下。

实验一：拿到书本的一瞬间，身体发生的变化

1.在挑选书本之前，先做身体前屈动作，看看自己的双手能距

① 谷物，特别是小麦中的一组蛋白质。

离地板多近；

2.挑选一本你打算阅读的书籍；

3.拿着这本书，再做一次身体前屈动作。

怎么样？身体是不是发生了一些变化呢？**书本让身体在做前屈运动时的状态也发生了变化**。

肯定会有人觉得“嗯？没有变化啊”，那么请换本书再试试。

虽说人与人之间会有一些差别，不过一般来说，对于自己所熟悉的书籍，我们的身体肌肉是会呈现放松柔软的状态的，而这也会让我们的前屈动作变得更容易些。

反之，如果是让我们觉得读起来会有难度的书本，则会让我们的肌肉变得僵硬，前屈动作也变得困难。

可见，我们的身体对物体本质的把握是早于大脑的。而0.1秒就是身体接触物体的瞬间所产生的生物电信号传递到脑神经细胞的时间。因此，也可以说书本自身具有一定的“能量”。

在用手拿到书本的瞬间，我们的身体就能感应到它所具有的“能量”。

不过，这种通过身体感应到的信息，仍然只停留在大脑意识的层面，也就是说我们无法感知到书本中的具体内容。

所以，我们还必须得运用能感知书本具体内容的阅读方法。

在拿到书本的一瞬间，身体会发生变化

① 前屈身体，看看双手能离地板多近的距离

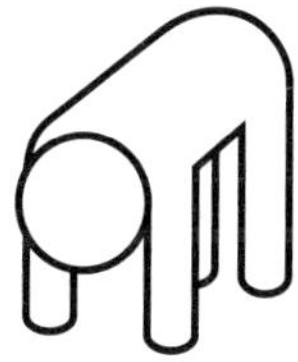

② 挑选一本想看的书

③ 拿着这本书，再重复与①中相同的前屈动作

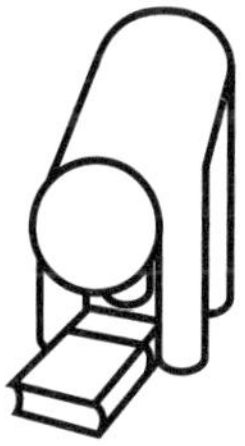

“共振阅读法”就是让你在阅读的同时，以线条的形式将身体感知到的这种“能量”绘制出来。具体内容将在第2章进行说明，如果你很好奇的话，也可以现在就翻到第2章。

为什么随意翻阅就能在脑中留下信息？

第二条假设是“无论用多快的速度翻书，大脑中都会留下信息”。

实际上，只需1分钟，就能在头脑中留下有关这本书的信息。

而我们需要做的，就**只是在1分钟的时间里“随意地翻阅这本书”就可以了**。很多其他的阅读方法中也提及过这一点，因为这真的会有效果。

“共振阅读法”也是同样要求大家在开始阅读之前，必须先用1分钟左右的时间来翻阅一下这本书。仅仅通过随意翻阅就能了解书中的内容，事实上也确实有很多这样的例子。

曾经在日本掀起过“速读热潮”的Photo Reading教科书《你也能以十倍的速度去阅读》中，就曾提到位于美国佐治亚州一所速读学校的案例。

在测试者眼球保持不动的状态下，将书本上下颠倒并从后往前

翻阅，然后测试其对书中内容的理解程度，结果竟取得了有史以来的最高分数。

我曾经也在读书会和研讨会等场合，做过类似翻阅书本的实验。很多的参与者开始还抱着半信半疑的心态，觉得很好奇。但是在亲身实验过以后，都发出了惊叹。

无论你信还是不信，随意地翻阅能使你对这本书产生“亲近感”，仅仅通过这一个动作就能增进对书中内容的理解。而这种“亲近感”也能为大脑和内心带来安心感，对我们的学习起到促进作用。

我们可以通过下面这个实验，来确定是否真的能产生“亲近感”。

实验二：用1分钟的时间翻阅书籍

1.用1分钟的时间翻阅先前在前屈实验中所使用的书籍。

2.拿着这本翻阅过的书籍，再一次做前屈动作。

翻阅书籍的诀窍，就在于翻页时的速度一定要快。要以很快的、能发出翻页声的速度来进行，特别是要让眼睛来不及看清书中的文字。也就是说，**在这1分钟的时间里，用特别快的速度将整本书翻阅好几遍，从而与之产生“亲近感”**。

支撑这种“翻阅行为”的，是心理学上的“潜意识效应”以及

只需要通过“随意翻阅”就能向大脑中输送无意识的信息

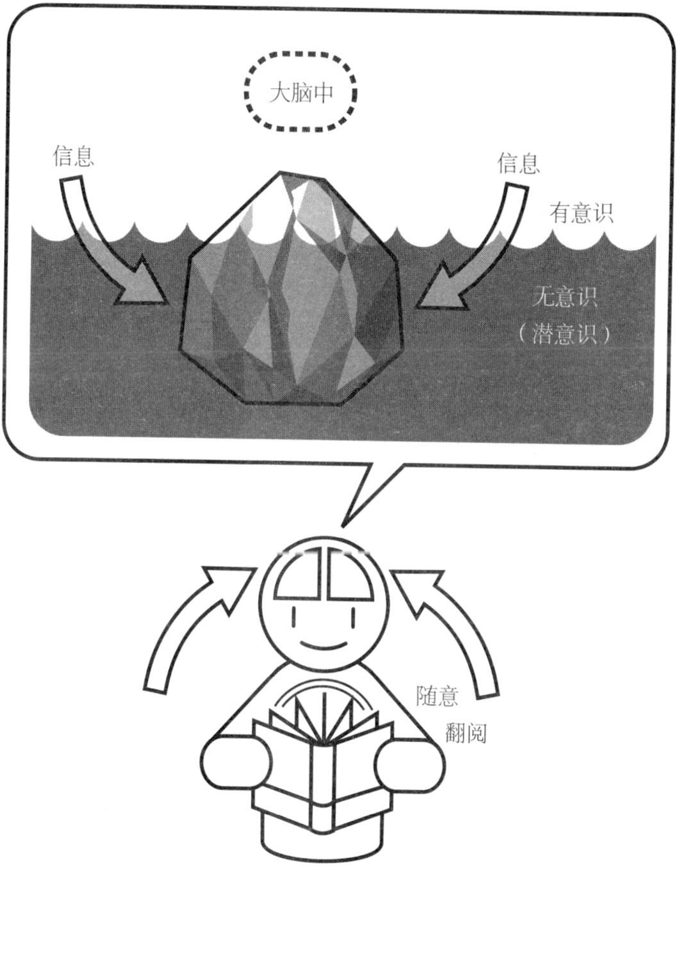

“启动效应”理论。

所谓“潜意识效应”，就是说虽然事物会呈现出一些表象，但仍有一些隐藏的信息并不会被我们当场感知到。而我们之后的行为，却会受到这种未曾被感知的信息的影响。

所谓“启动效应”，是指由于之前受某一刺激的影响，而使得之后对其他事物的记忆与回忆也变得容易的一种心理现象。

这数十年的实验结果已经证实，事先获得“潜意识”方面的刺激，是能够提升对单词和句子的判断速度的。

作为积极运用“潜意识效应”的一种方式——“随意翻阅”确实能加快你阅读的速度。有些快速阅读法会要求你通过对眼球的训练来提升阅读的速度，或者是以每页1秒钟的速度来进行翻阅。实际上，这些方法都可以被这里所介绍的“随意翻阅”所替代。

通过“随意翻阅”，可以像前一页插图中所示的那样，将无意识状态下获得的信息资源输送到大脑的潜意识里。

此时，如果想有意识地去了解这些信息的话，反而会是一件很难的事情。仅仅是通过这样一个动作，使我们对这本书产生“亲近感”。

世界知名的丹麦科学记者托尔·诺里特朗德在他的《使用者的幻觉》（*The User Illusion*）一书中，就曾提及过大脑分别在“有意识”与“潜意识”状态下处理信息的速度。相对于大脑在“有意识”的状态下每秒40比特的处理速度，“潜意识”状态下通过感觉器官进行的信息处理速度能够达到每秒1100万比特。也就是说，**通过向大脑输送无意识的信息资源，可以让我们以27.5万倍的速度来处理信息**。

而且，按照第2章将要介绍的“共振阅读法”的步骤，还可以让我们将输送到大脑中的无意识信息有意识地提取出来。

顺便再说一下，虽然这有些牵强附会，不过日语中“翻阅（para-para）”一词的词源“para”，在古希腊语中是“接近、超越”的意思，而其拉丁语词源“parare”则是“准备、遮挡”的意思。

这么说来，我觉得“随意翻阅”也可以理解为“为了阅读而进行的一项准备工作，以超越平时的阅读速度来浏览内容”。

所以，大家在开始阅读之前，先尝试以非常快的速度来“翻阅”一下书的内容吧。

确定阅读的目的，提升阅读速度与记忆力

我之前已经说过，我们的身体只需要0.1秒的时间，就能够完成读取信息的工作。而我们的大脑在1分钟的时间内，也能够完成读取信息的工作。

接下来，我们再来看看如何扩展大脑的功能。

也就是第三条假设中所说的“大脑会试图思考这些信息的含义”。

大家很小的时候，是否也曾望着家里的天花板，辗转反侧睡不着觉呢？眼睛看见天花板上的纹路，感觉好像渐渐地就变化成了鬼魂和妖怪的样子，所以才会睡不着吧。

当我们的大脑在接收到某个信息后，就会结合过去的经验与现象来进行比照。这被称为“幻视”或者“错觉”，也是脑功能被扩展后的结果。其实，我们也可以利用这种功能来提升我们的阅读速度。

最关键的是，“我们要确定好阅读的目的”。

我们的大脑在运转时，如果毫无目的就会一直保持“无所事事”的状态。但是，一旦有了一个“明确的目的”，那一瞬间就会为了达成“目的”而开始主动地搜索必要的信息。

为了验证这个观点，我们可以尝试进行以下的实验。

实验三：对“目的”的实验

1.将本书打开在这一页上，然后浏览文字。

2.在浏览文字的同时，在头脑中想象你现在所处的空间。

3.回忆一下，现在你所处的空间里有几个“红色的物品”。

4.想出来之后，在大脑中数数量，然后再用眼睛环视一下周围来加以确认。

5.通过眼睛确认之后，轻轻地闭上眼睛，然后再次想象你当前所处的空间，并且回忆其中有几个“红色的物品”。

6.想出来之后，请慢慢地睁开眼睛。

你所给出的数量正确与否，并不重要。

关键是你在用眼睛环视的过程中，是不是感觉到“红色的物品”都主动地映入你的眼帘呢？

这就是“阅读前先确定好目的”所能带来的好处了。

当我们在大脑中想象出这个空间时，比起最开始时我们大脑中

“漫无目的”的思考，会让我们更明确地知道，是要回忆出有多少个“红色的物品”。

通过这个实验，我们可以知道**“阅读前先确定好目的”**这件事，将会带来以下两大好处：

- 自己所搜寻的信息会更容易地投入眼帘→提升阅读的速度
- 搜索获得的信息会更容易被记住→增进记忆力

改变阅读立场，你能更好地理解

你是以一个什么样的“立场”来进行阅读的呢？

这里就来说一说第四条假设“阅读时所处的不同立场，也会使对信息的理解和记忆发生改变”。

关于“阅读的速度”我们已经知道了，阅读时要将注意力集中在“用眼睛看”上，并且可以通过“随意翻阅”来提升阅读速度。但是，如果还是很想记住书中的内容呢？相信有很多人还是想在今后的交流中可以引用书中的内容吧。

为了提升对内容的理解程度和记忆，我们可以**尝试变换不同的立场来进行阅读**。

心理学家安德森与皮赫特曾经进行了一个实验，仅仅通过改换立场，就使记忆与理解程度发生了变化。

实验首先将参与者分为“购买房产组”和“小偷立场组”，然后让他们阅读并记忆同一个故事。

之后，进行有关记忆的测试，接着再对这两组参与者进行一次划分，其中半数转换成与之前相反的立场，再次进行记忆测试。

结果显示，同时体验过两种立场的这一组参与者，**当对他们进行基于另一个立场的记忆测试时，通常第一次无法回答出的问题，也可以答出来了**。这也就意味着，通过改换立场，使先前在大脑中形成的信息也发生了改变，第一次测试时在头脑中检索不到的信息，也可以被检索出来并给出相应的答案。

我们在阅读时也可以改换不同的立场，让自己从单方面被动地接收作者的信息，**转变为与作者平等对话的视角**。

平常在阅读时，从没有想象过“作者就坐在自己面前”的人，可能还会稍微有些不习惯吧。

其实很多擅长阅读、喜欢阅读的人，也都是不善与人交流的。对烦恼的事情、困扰的事情、无法解决的难题、不愿意坦露的不安、对失败甚至成功的恐惧等情绪，我们只能通过阅读的方式来进行自我排解。

所以，**为了我们自己，可以将作者以及这本书的书名作为“主题”，与其进行对话并从中寻找出解决之策**。

实验四：想象作者就坐在我们面前

1.尝试着去想象将要阅读的这本书的作者就坐在自己面前。

2.面对这个作者，假如你能向他提问一直困扰你的事情，你会问些什么呢？

3.在阅读的过程中，想象自己是在与作者进行对话。

※如果现在一时无法进行这个实验，也没有关系。我们将在第2章对这条假设进行验证。

根据不同的书籍，也许还可以想象出在演讲会或研讨会等不同的场合，遇见该作者并与其进行对话交流的场景。

如果是演讲会的话，当你向作者提问时，他肯定会针对你的问题给出答案。也就是说，作者不会只拘泥于自己的主张和观点，而是会在自己的主题范围内偏重于你的实际情况，只针对你一个人给出相应的信息。

说到这里就不得不提我之前一直强调的，要想在短时间内获得自己所需要的信息，就不要“一上来就看目录”。其原因就在于，一旦看了目录的内容，就无法让自己保持与作者平等对话的立场了。

心理学家筒井顺子曾表示，“‘共振阅读法’是一种不会让读者陷入书籍中的阅读方法”。通过与作者平等对话，才能就这本书的主题进行更好的思考。

一般来说，拿到一本书后先看目录，再从头开始阅读，就会让自己的思路与作者保持一致。对于读者来说，虽然可能会被“说服”，也可能会有“反抗”，但归根结底还是会回到作者的思路上来。**相较于这种“单方面”的阅读方式，“共振阅读法”提供的则是一种双向交流的阅读体验**。

也许是因为筒井老师自己在阅读上从未遇到过问题吧，所以才会对这种双向交流的阅读体验倍感吃惊，甚至是感动。

“共振阅读法”主要通过第2章所介绍的“共振地图”的形式，来实现读者与作者之间的对话。**宛如作者就在自己的眼前一样，会配合着你的目的给出有用的信息**。

优秀的作者，往往在写作时就会想着“要让这部倾注了自己是如何思考、如何生活等全部人生内容的作品，通过阅读留在读者的心中”。

所以，作者是通过他自己的人生经历，来为我们解决烦恼和问题提供建议。

我们可以亲自实践一下第2章的内容，来切身体会“想象作者坐在面前”的那种感觉。

好莱坞剧本创作法，帮你提升阅读速度

最后，我们再来说说第五条假设“以故事情节来阅读的话，能加速我们对内容的理解”。

“共振阅读法”主要通过在一张纸上绘制出“共振地图”来进行阅读。而这张“共振地图”中，也参考了**“三幕剧”和“神话法则”等一些故事的叙事结构**。

所有的故事，都是有一定的叙事结构的。

“看几次哭几次，每次看都能带给我治愈，多亏了这样的作品，才支撑着我一直活下去”。确实，优秀的电影、小说、漫画、音乐等，往往都会给人以这样的感触。然而，在这些作品的背后，其实也都隐藏着类似的叙事结构。

我们年幼的时候，通过从父母那里听到的一些古老传说，在不知不觉间去模仿这些故事中的原型人物。然后，从这些表达“如何挣扎着生存下去”的故事中学到对自己有益的知识。

这在任何国家都是一样的。由祖父母传给父母亲，再由父母亲传给孩子，就这样一直口耳相传下去。而这些流传下来的故事，也大都是和神话有关的内容。

神话学家约瑟夫·坎贝尔曾经专门研究过这些流传下来的神话故事。不仅局限于欧洲地区，他还研究了其他各个国家的神话故事。最终他发现，在这些神话故事中，**都隐含一个人类创作故事的基本模型**。

很多让我们时而振奋或愤怒，**时而哭泣或欢笑的秘密**，都源自这个故事模型。

《星球大战》《指环王》《哈利·波特》《穿普拉达的女王》等这些好莱坞电影，同样也是运用了这个故事模型。

他将这些隐含在好莱坞电影中的剧本创作套路，称为“英雄历险”模式。

“英雄历险”这一说法虽然是约瑟夫·坎贝尔首创的，但却是基于被称为“好莱坞编剧第一人”的克里斯托弗·沃格勒的剧本总结而来的。下面就来对此进行简单的介绍。

英雄历险模式的“三幕”与“12场”

第一幕（开始）：英雄的抉择

第1场：日常的生活

第2场：冒险的召唤

第3场：对冒险的拒绝

第4场：与贤者的相遇

第二幕（过程）：对英雄的考验与回报

第5场：突破第一关的考验

第6场：朋友、敌人

第7场：接近更加危险的地方

第8场：最大的考验

第三幕（尾声）：行为的结果

第9场：回报

第10场：归途

第11场：复活

第12场：带着宝物返回

以这种结构写成的故事，将会深深地扎根在我们的记忆里。因为，以这样的叙事结构创作出来的主人公，将更容易获得观众的共鸣，更容易触动观众的心弦，从而留在他们的记忆中。

顺便说一下，凭借为美国前副总统阿尔·戈尔以及一些跨国公司撰写演讲稿而闻名于世的南希·杜瓦特，曾在她所写的*Illuminate*一书中表示，自己在写演讲稿时也会参考“英雄历险”的模式来设计内容。

当我们在阅读时，如果能在头脑中预先了解这一叙事结构，就能很容易地把握接下来将展开的内容。

一些优秀的书籍，会尽量对这种“三幕剧”的叙事结构进行掩饰。

但是，我们仍然可以通过“共振阅读法”绘制“共振地图”的方式，来还原隐藏在其背后的“三幕”叙事结构。通过在纸上实际写出这“三幕”的内容，从而让自己更加明确作者的写作思路。结果就是让我们的阅读速度也变得更快了。

为你带来阅读效率变革的“5步共鸣”

到目前为止，我已经介绍了有关呼吸的方式、阅读的概念，以及运用五大假设来提升阅读速度的窍门、加深记忆的诀窍等内容。

其实，这些内容就是“共振阅读法”的基本顺序，并且可以总结为“5步共鸣”。

共振阅读法中的5步共鸣

步骤0：接触书本，明确自己的目的。

步骤1：通过随意翻阅，让大脑“下载”信息。

步骤2：在三栏表格中绘制曲线。

步骤3：从曲线中感兴趣的那一页上摘出单词。

步骤4：凭着感兴趣的单词，带着问题去阅读。

步骤5：基于从这本书中所获得的想法，制订出行动计划。

这几个共鸣步骤简单来说，就是先确定阅读的目的，然后调整好自己的呼吸，接着随意地翻阅，再以“三幕剧”的结构去阅读，最后感应到书中的“能量”，并绘制出曲线。

其中最为重要的，就是“绘制曲线”这一步。

在使用“共振阅读法”时，首先要画出一个三栏表格，然后用右手持书，左手则在这三栏表格中绘制曲线。

“绘制线条”这个动作，对我们人类来说具有特别的意义。这里说到“人类”的概念，似乎听起来有些夸张，但是从文化人类学的观点来看，“线条”确实是很特别的一个元素。

英国的文化人类学家蒂姆·英戈尔德博士曾说过**“线条就是故事”**。他认为，很早以前的旅行家们会一边旅行，一边绘制地图。然后在酒馆等一些人群聚集的场所，拿着这张地图像讲故事一样告诉大家这趟旅程中的所见所闻。随着时代的变迁，**不知从何时起这种行为就演变成了“绘制线条”的行为，进而又变成了我们在创作时的故事线**。

“绘制线条”在人类行为中并非是无关紧要的，反而是很重要的一个行为。我们在幼年时期会用手指在沙地上画线，还会用彩色铅笔在纸上画线。我们都是通过画线的方式，来表达某些信息。

线条，会传达给我们一些信息。可以说，线条就是故事的一种“代言”。

“共振阅读法”就是让我们能通过“5步共鸣”“三幕剧结构”以及曲线等方式来进行阅读。

读到这里，相信有的人心中还是会有所顾虑：“真的只通过这么简单的事情，就能产生变化吗？”“真的不需要复杂烦琐的训练，就可以做到吗？”

老实说，不论你相信与否，这些内容都是有其科学依据的。**如果你不愿意去亲身实践的话，那么现状就永远不会改变**。所以，不如抱着“哪怕就上一次当也无所谓”的态度，去尝试一下吧。

请准备好一张纸、一支笔，我们将通过绘制“阅读地图”的方式来进行阅读。

只需通过这种简单的方式，就能改变你的阅读习惯，改变你的人生。你觉得怎么样呢？

那么，就让我们进入到下一章，去亲身实践“共振阅读法”吧。

第2章 只用20分钟就能掌握的“共振阅读法”

步骤0 接触书本并明确自己的目的

接下来，就来介绍“共振阅读法”的具体实践方法。

“共振阅读法”一共由5个步骤构成。

这几个步骤其实就是**将“擅长阅读”的人的下意识行为，进行“系统化”归纳**而成的。

其中就包括了之前所说的“身体用0.1秒钟的时间完成阅读”“像复印机一样快速地翻阅”，等等。

但是，仅靠这些我们还是无法掌握书中的内容。我们还需要将这些信息以“可视化”的形式记录到一张纸上，这样一来，无论是谁都能在很短的时间里成为“阅读达人”。

即使是刚入门的新手，也能用20～40分钟在纸上绘制出“共振地图”。

所谓的“共振地图”，其实也可以理解成是“阅读地图”。

通过下面将要介绍的5个步骤，无论谁都能在很短的时间内完成阅读，甚至开始脑力创造的工作。那么，就赶快跟随我的讲解，一步一步学习“共振阅读法”吧。

首先，我们需要准备以下的物品。

需准备的物品

- 想要阅读的书籍
- 白纸一张（A4纸或者笔记本用纸即可，首先要在纸上画出“三栏表格”，或者使用本书后附的“共振地图”）
- 笔（推荐准备12色的彩笔，这样能有许多颜色可供使用）

接下来，就进入到“共振阅读”的准备阶段“步骤0”。先从“记下书名”开始，依次按顺序在①～⑥的位置上记录信息。

①写下阅读的目的

首先，要思考“阅读的目的”。一边看着书籍的封面，一边思考自己为什么会选择这本书。然后，将思考的结果记录在书后所附“共振地图”的“目的”一栏中，或者是自己准备的白纸的左上方位置，直接写下来就可以了。**大概用2分钟快速地进行记录**。

如果一时半会儿还想不出答案的话，可以像下面这样在设定“阅读的目的”时反问自己。

“为什么会选择这本书呢？”

“假如作者就在自己的面前，我会问他什么问题呢？”

“通过阅读这本书，我最终想要达到的目的是什么呢？”

“我觉得这本书值得花多少时间来阅读呢？”

“其中是否有能立竿见影的实用技巧？”

“我阅读这本书的目的是……”

“通过阅读这本书，能让我做到……”

步骤0　准备1

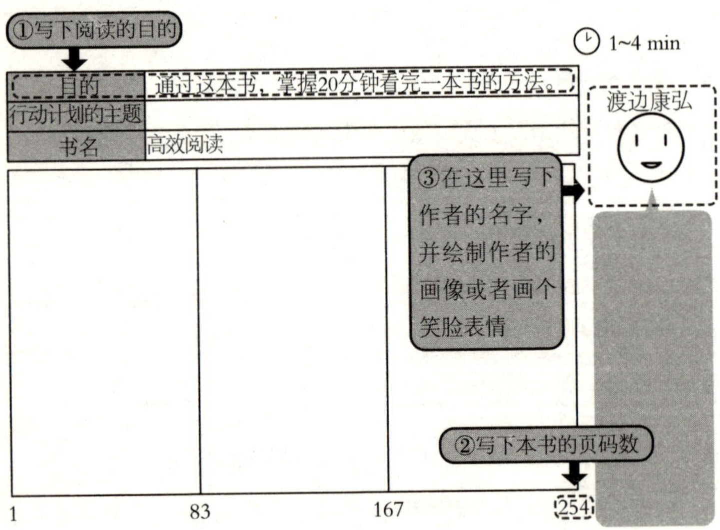

“为了解决我所遇到的×××问题，我希望从这本书中获得有关×××的三个提示。”

■**重要提示**

在思考“阅读目的”时，要注意自己呼吸的节奏。美国斯坦福大学的凯莉·麦格尼格尔就曾指出，**一分钟呼吸4～6次的节奏，能够改变心跳的速度，最适于让大脑集中注意力投入到学习的状态**。

为了集中注意力，我们在呼吸时要做到“用嘴巴大口呼气，然后再用鼻子缓慢地吸气”。在开始阅读之前，一定要让自己能够缓慢地、缓慢地进行呼吸。

②写下页数

接下来，我们还要记录下这本书的总页数。将想要阅读的书籍的“最后的总页数”以数字的形式记录在三栏表格的右下方位置（包括书后的索引部分）。然后，再在左下方的位置，写上“0”或者“1”来表示最开始的页码，接着以大致三等份的比例，将分割的页码写在表格中间两条竖线的下方。

③写下作者的名字、绘制出画像或者画个“笑脸”的表情

在三栏表格的右侧上方，绘制作者的画像，或者是画一个“笑脸”的表情，只需要用30秒钟的时间快速地画一画就行了。一般来说，作者的样子都会印在书的封面或者末页上，我们可以照着样子简单地画下来。如果没有找到的话，那就画个圆圈，并在里面画上眼睛、嘴巴，做成一个“笑脸”的表情。

当我们在三栏表格的右上方写好了作者的名字，并画好了表情之后，紧接着可以在其下方，绘制一个类似漫画里的“对话气泡”。

步骤0　准备2

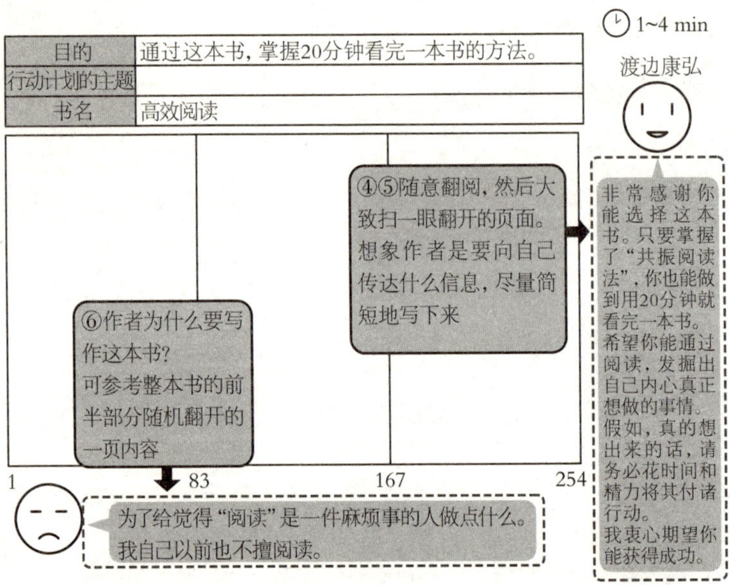

④随意翻阅，对书中内容进行大致浏览

为了从自己的阅读目的出发，从作者那里获得有针对性的信息，我们要一边保持缓慢的呼吸节奏，一边随意进行翻阅。翻阅时的速度要够快，以能发出翻页的声音为宜。也许在这个过程中，我们的身体也能感受到来自这本书的“能量”。

⑤将从作者那里接收到的信息，简短地写下来

在翻阅一番之后，暂时将书合上，回忆一下从作者那里接收到的信息。

为了解决你的烦恼和问题，作者以书名为主题都向你提供了哪些有用的信息呢？

然后随机翻开一页，看看能从这一页上获得什么信息。把很快映入眼帘的一句话，当作是作者向你发送的信息，你觉得它会是什么样的内容呢？

无论什么内容都没关系。从那一句中展开思考，**大胆想象作者想要表达的意思**。你能够想出的意思就是最佳的。不要试图去否认它，而是将其记录在三栏表格右侧下方的“对话气泡”中。

⑥作者为什么必须写作这本书？

接下来，试着去探寻作者必须写作这本书的理由。

在三栏表格的下方或者左侧下方，画上作者的画像或者一个“悲伤”的表情，同样也加上一个“对话气泡”。

然后重复之前的做法，先随意翻阅，感受来自书籍的“能量”，**然后在整本书的前半部分随意翻开某一页**。眼神停留在这一页上，以首先映入眼帘的一句话为参考，**想象作者必须写作这本书的理由，最后记录在“对话气泡”中**。

到此为止，我们就完成了“步骤0”的准备动作。**需要花3～10分钟的时间**。

如果想要时间更短些的话，也可以省略掉其中的③④⑤⑥这几个环节。

在读书会或者企业研修等场合，为了避免混乱可以省略掉这些环节。因为我们要从作者那里获得信息，以及弄清楚作者为什么要写作这本书等，都是需要花一些时间的。我们只要在旁边画上作者的画像，就可以让我们更容易想象出作者的样子，以此来产生与这本书之间的“亲近感”。不过，如果你不差这3～10分钟的话，还是**建议你能挑战一下，试着将③④⑤⑥这几个环节都做一做**。

步骤1　通过随意翻阅，让大脑“下载”信息

下一步，我们要通过随意地翻阅，让我们的大脑“下载”信息。

在翻阅的过程中，最重要的是眼睛的使用方式。**我们通过改变眼睛的使用方式，可以将书中的信息输入到大脑的潜意识中**。

“改变眼睛的使用方式”，乍一听好像很难的感觉，但在我们日常生活中，这却是经常会做的一件事。比如说，你去美术馆参观画作，你会怎样去欣赏呢？是的，**当然是从整体上来看这幅画啦**。几乎没有人会一上来就特别关注画家的笔触、所用的画具材质等这些细节之处吧。

所以，在进行“共振阅读”时也是一样，不要拘泥于具体的文字，而是以大致扫一眼的感觉翻阅即可。

翻阅书籍

一边保持缓慢的呼吸节奏，一边翻阅这本书。此时，双眼只需

以整体的视角来翻阅书籍，向大脑中输入信息

进行大致浏览即可。在翻阅的同时，思考“如果用一种颜色来表示这本书，会是哪种颜色呢？”假如，手边正好有彩笔的话，就可以从中选出这个颜色。

■重要提示

我们通过随意翻阅与这本书产生“亲近感”。

也许你会问，在翻阅的过程中，能对书中具体的内容有所了解吗？其实，在目前这个阶段，还只是停留在“大脑意识”的层面，所以答案是“不能”。但是，**我们“翻阅”的这个动作，就好比是**

往大脑这台“智能手机”里安装APP软件的过程。如果手机没有通电的话，谁也无法仅从其外观就了解到其中的内容。而这里的“翻阅”环节也是同样的道理。因此，我们必须先给手机通电，然后通过启动其所安装的APP软件，才能将数据信息呈现在屏幕上。

要想做到这一点，重要的是，我们事先要做好数据信息的“存储”工作。为此，我们才需要去感知这本书的“能量”，并将其记录在纸上。

步骤1 随意地翻阅

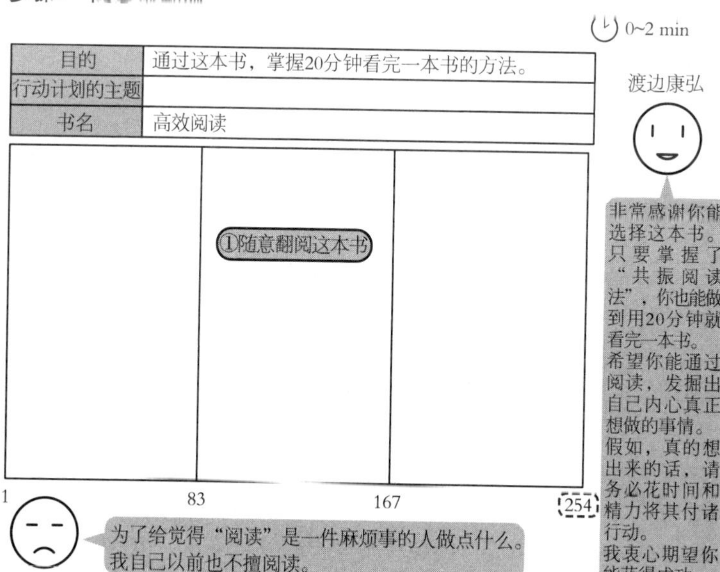

步骤2　使用三栏表格绘制曲线

①绘制线条

右手持书，左手握笔。用我们的身体感知书的“能量”，然后将这种“能量”反馈到左手上，从三栏表格的“右上”开始朝着“左下”的方向绘制类似山谷起伏的曲线，像这样，我们就将书籍的“能量”记录到了纸上。

②在感兴趣的地方，标注6个以上的“↑”

接下来，看着刚刚绘制出的曲线，找到6～8个感兴趣的地方，标注上“↑”符号。平均每一栏（幕）标注2个左右。

③写下页码

预估一下标注“↑”的位置所对应的书中页码，然后写下来。

要在大脑中快速地想一下，这个标注“↑”的位置大概是书的

步骤2　绘制曲线

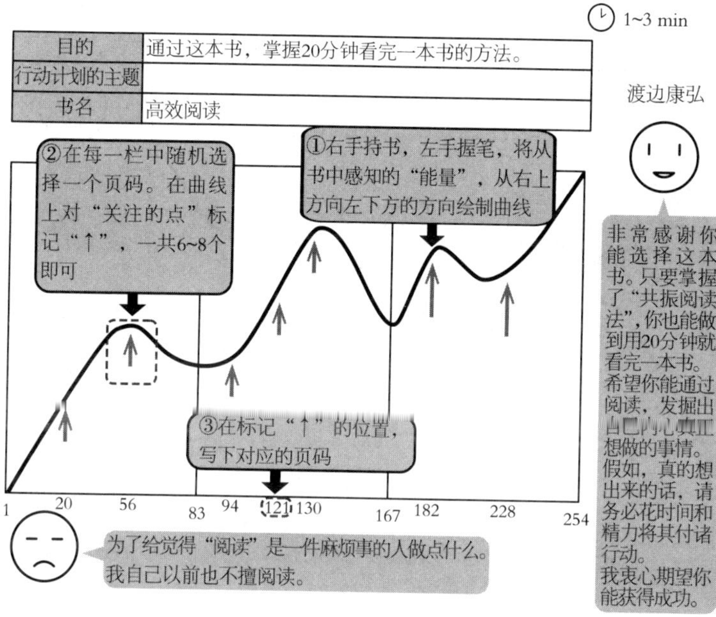

哪一页。页码即使是像56页、121页、228页……这样的随机数字也没有关系，把你想到的写下来即可。

④确定优先顺序

写好页码之后，我们还要确定其优先顺序。

看着曲线和页码，心里想着哪个排第1位，哪个排第2位，像这样确定好各自的顺序。

步骤2　确定优先顺序

1~3min

目的	通过这本书，掌握20分钟看完一本书的方法。
行动计划的主题	
书名	高效阅读

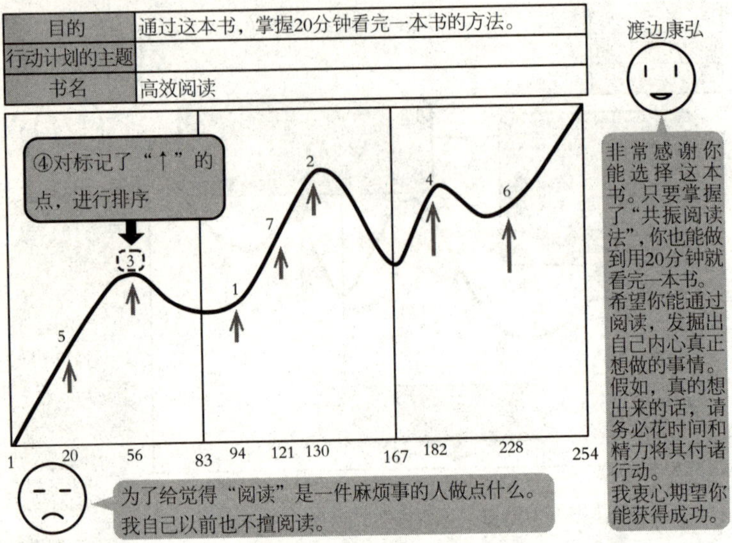

步骤3　在曲线上感兴趣的那一页摘出单词

首先，在翻到那一页之前，还是要再次看一下自己写在表格左上方的内容，**确认好自己的“阅读目的”**。

①按照之前确定的顺序，翻到相应的那一页

翻到相应的那一页，然后**用眼睛大致扫一眼**。

此时需要注意的是，并不是要仔细地去阅读文字内容，**只需大致扫一眼即可**。

②摘出“共振词汇”，将其记录到“共振地图”上

在我们大致扫一眼的过程中，将映入眼帘的词汇记录到“共振地图”上。

这些首先映入眼帘的词汇，就是作者与你展开对话的关键词汇，我将其称为“共振词汇”。当这些与我们“共鸣度”较高的词

汇进入到视线的那一瞬间，身体会产生微妙的反应，说不定会让我们激动地颤抖。

我们将书打开到相应的那一页，从中摘出3～4个词汇，并将其记录在对应的位置上。剩下的5～6个标注“↑”的地方，也同样如法炮制。

步骤3　共振词汇

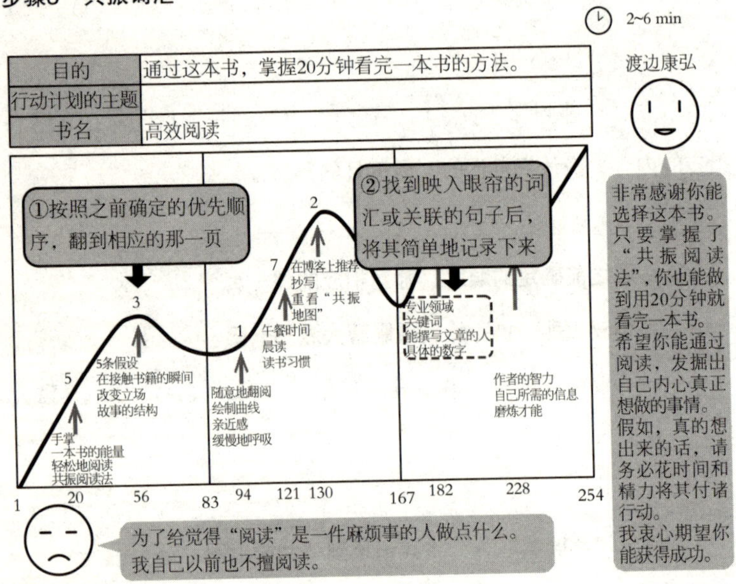

■**重要提示**

在这一步我们要做的是，摘录出可能会让自己感觉“有兴趣”

或者“有疑问”的“共振词汇”。

这个环节相当于我们在智能手机中安装完APP软件后，再启动这个APP软件。

启动了APP软件之后，我们才能通过这个软件往手机中存储数据信息。

“共振阅读法”就是通过往“共振地图”中一点一点地填入各种各样的信息，让我们的大脑中存储下这本书的相关信息。

步骤4　凭着感兴趣的单词，带着问题去阅读

在步骤4中，我们将进行“孵化”和“8分钟阅读”的工作。

在此之前，请先伸个懒腰，放松自己的身体并做深呼吸，以缓慢的节奏呼吸2～3次。然后保持这个节奏，开始尝试下面①中的内容。

①看着“共振地图”，找出自己感兴趣或者关注的点

眼睛看着“共振地图”，重点放在之前**“步骤3”**中所摘录的词汇上。然后，一边问自己“什么是我想问作者的内容”“什么是我感兴趣的部分”，一边寻找自己感兴趣或关注的重点词汇。

如果找到了某个“共振词汇”，就要在“共振地图”上进行标记。

当你在盯着“共振地图”看的时候，是不是会有一种“平衡感被打破”的感觉呢？也就是接收到的是不完整的内容，或者不完整

的信息。

虽然只是罗列出的一些零星词汇，但正是这些“让你感兴趣的内容”“让你想关注的词汇”……才是引导你去创新的关键所在。

②用8分钟时间去阅读（为了达成目的，阅读自己关注的内容）

接下来用8分钟的时间，去阅读在①中所找出的那些**“自己所关注的”或“想弄清楚这到底是怎么一回事”的内容**。

甚至也可以根据“共振地图”上的标注，把自己“特别想看”或者“特别感兴趣”的内容都读一读。

不要被具体的页码所束缚，用自己喜欢的方式来阅读就好。

注意，**并不是要“留着以后再读”，而是“立刻就去阅读”**。

■重要提示

在这一步中，看一看书前面的“目录”也是没问题的。假如，你之前已经掌握了其他的一些速读法或者阅读方法，也可以把这些方法利用起来。无论是有侧重点的阅读，还是跳跃式的阅读，甚至一字一句认认真真地阅读都可以。对自己所关注的点，请务必在“共振地图”上做出标记。

步骤4　“孵化”与阅读1

8 min

目的	通过这本书，掌握20分钟看完一本书的方法。
行动计划的主题	
书名	高效阅读

渡边康弘

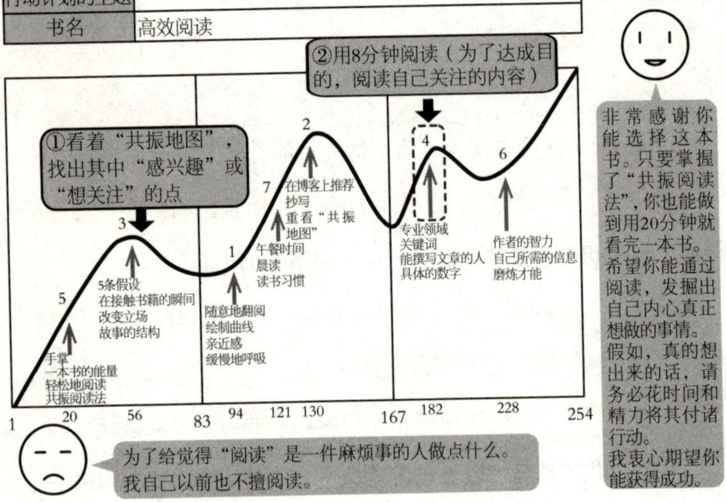

③调整呼吸，用5分钟阅读

假设只剩下5分钟的话，**想想自己还想了解哪些内容，才能达成阅读这本书的目的**。带着这样的问题，再用5分钟的时间去阅读。

■重要提示

从这一步开始，就进入到“孵化”的阶段。所谓的“孵化”，

步骤4 “孵化”与阅读2

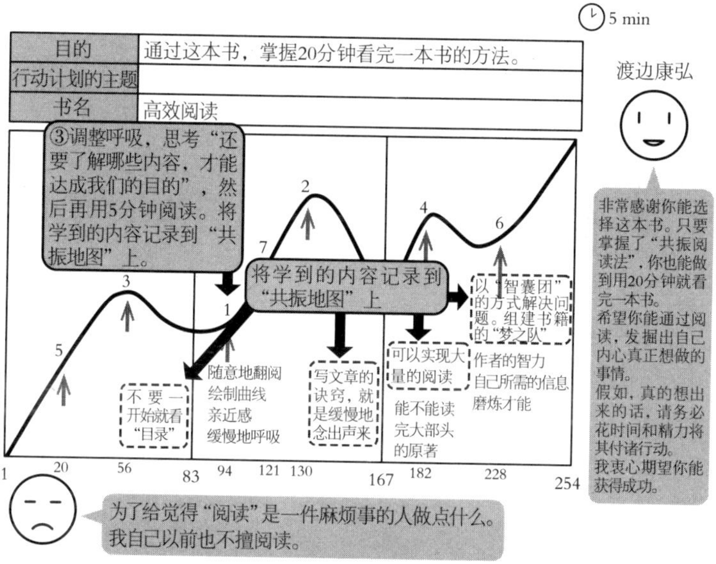

在这里指的是一段有效率的休息时间。“孵化”所用的时间，就是从我们的大脑中诞生出想法的时间。

请至少用1～3分钟来调整自己的呼吸，以留出“孵化”的时间。

当然，也可以用一个晚上的时间，睡一觉也没问题。

当想对作者提问的内容出现时，我们的大脑就会在那一瞬间进入自动检索的模式。

只要我们给大脑足够的时间，那么就能进入高精度的检索状态。并非单纯地给出一个临时性的“答案”，而是将大脑中的想法都汇聚到一起，找出新的想法或切入口。总之，只要有充分的时间，我们就可以将之前通过翻阅所获得的新信息，与此前脑中既存的知识流畅地整合。

步骤5　根据从书中获得的想法，制订行动计划

终于来到最后一步了。在结束“共振阅读”之前，我们还必须“现在”就制订出自己的行动计划。

①制订行动计划

用3分钟的时间，想一想**如何利用你从这本书中所获得的信息与想法，制订出切合实际的行动计划**。**计划的内容可以按照“一周内”“三个月内”“1～3年内”的时间分割来思考，然后分别将其写下来**。

在三栏表格的第一栏空白处，写下“一周内”的计划内容；第二栏的空白处，写下“三个月内”的计划内容；第三栏的空白处，写下“1～3年内”的计划内容。

步骤5　行动计划1

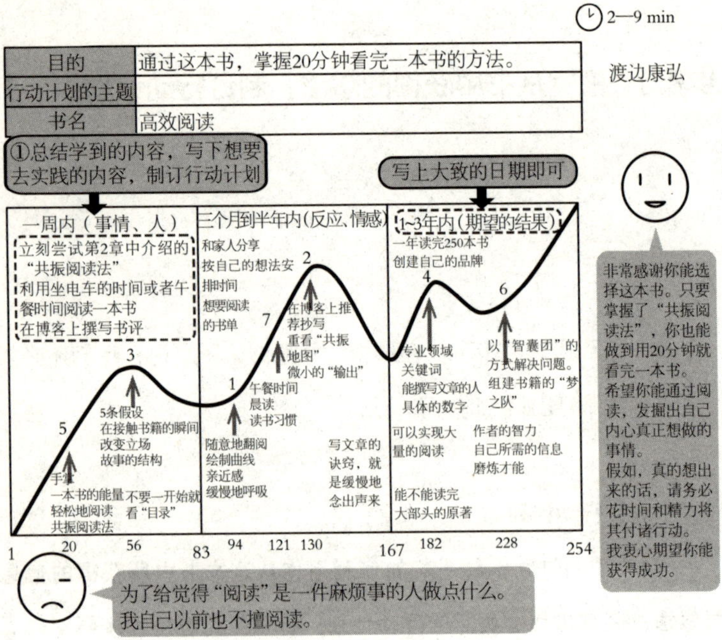

■重要提示

在这一步我们要做的是看着“共振地图”，然后依据从书本获得的想法来制订出行动计划。

首先，在制订第一栏中的“一周内”行动计划时，要将焦点放在“完成新的工作”或者“与他人见面”等方面。接着，第二栏的“三个月内”行动计划，则要反过来花些时间关注“自己的内在”。

然后，第三栏“1～3年内”的行动计划，则应思考若将之前“一周内”行动计划中的某一项坚持下去的话，将会带来什么样的结果。

内容上最好是能够变成现实的、可行性较高的想法。

不过，在第三栏中由于是对未来的一种设想，所以也可以是稍稍夸张一些的“梦想”。

②定好主题

最后，我们还需要给行动计划拟定一个主题。

这个在下一章中，将作为“输出项目”进行详细说明，这里只需先制订好行动计划就可以了。人们无论是有了多么了不起的想法，最后总是会以“太忙了”“以后再做”等理由而去拖延。

但是，立刻就在“共振地图”上写下具体的行动计划，这样才能为你的日常生活带来改变。**最快48小时以内，最慢三周以内，我们就会自发地去实践这些写进行动计划里的内容**。总之，一定要制订一个“现在”就可以去做的行动计划。

步骤5　行动计划2

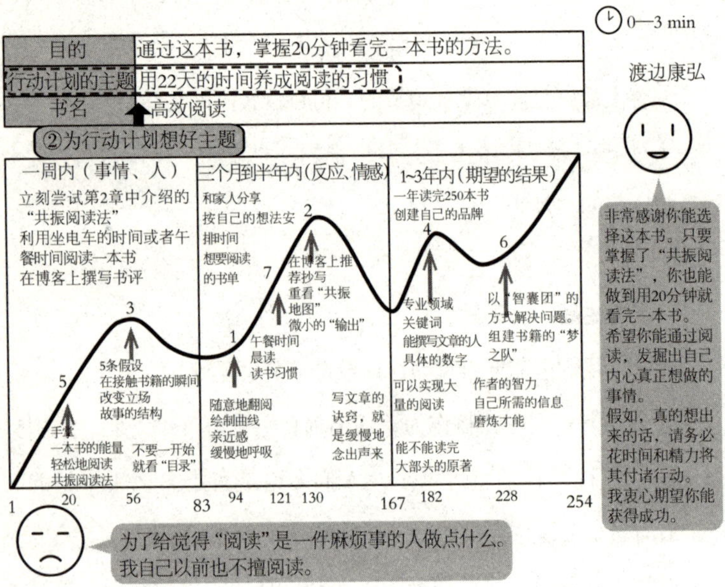
0—3 min
目的
通过这本书，掌握20分钟看完一本书的方法。
行动计划的主题
用22天的时间养成阅读的习惯
书名
高效阅读
②为行动计划想好主题
渡边康弘
一周内（事情、人）
立刻尝试第2章中介绍的“共振阅读法”
利用坐电车的时间或者午餐时间阅读一本书
在博客上撰写书评
三个月到半年内（反应、情感）
和家人分享
按自己的想法安排时间
想要阅读的书单
1~3年内（期望的结果）
一年读完250本书
创建自己的品牌
5
手拿
一本书的能量
轻松地阅读
共振阅读法
不要一开始就看“目录”
3
5条假设
在接触书籍的瞬间改变立场
故事的结构
1
午餐时间
晨读
读书习惯
随意地翻阅
绘制曲线
亲近感
缓慢地呼吸
7
重看“共振地图”
微小的“输出”
2
在博客上推荐抄写
写文章的诀窍，就是缓慢地念出声来
4
专业领域
关键词
能撰写文章的人
具体的数字
可以实现大量的阅读
能不能读完大部头的原著
6
以“智囊团”的方式解决问题。
组建书籍的“梦之队”
作者的智力
自己所需的信息
磨炼才能
1
20
56
83
94
121
130
167
182
228
254
非常感谢你能选择这本书。只要掌握了“共振阅读法”，你也能做到用20分钟就看完一本书。
希望你能通过阅读，发掘出自己内心真正想做的事情。
假如，真的想出来的话，请务必花时间和精力将其付诸行动。
我衷心期望你能获得成功。
为了给觉得“阅读”是一件麻烦事的人做点什么。
我自己以前也不擅阅读。

关于“共振阅读法”的常见问答Q&A

怎么样？大家使用“共振阅读法”的过程还顺利吗？

在本章的最后，再来总结一些常见的问题，供大家参考。

Q：要阅读多少本书以后，才能让自己体会到“共振阅读法”的实际效果？或者让自己熟练掌握“共振阅读法”呢？

A：从现有的反馈来看，悟性好的人可能只需读一本书就能掌握这个方法。平均读完2～4本书之后能感觉到变化，十本书以内就可以掌握“共振阅读法”。

也有收到更多反馈，超过十本书以后，才能实际感受到这个方法带来的效果。

Q：进行步骤3时，翻开的那页刚好是空白页，这意味着什么呢？

A：出现空白页的话，说明你与这本书很有缘分哦。从概率论的角度来说，每几十页中才会有一页是空白的。所以，翻到空白页的话，也可以理解为你和作者之间就这本书的主题将有说不完的话呢。

Q：进行步骤3时，翻到的一页上全是照片或图片，这又意味着什么呢？

A：从文字的演变来看的话，人类最早就是以图形的形式来记录信息的，然后再对其进行简化才产生了文字。因此，照片也好，图片也好，都可以像文字一样来对待处理。

也就是说，在这个全是照片或图片的一页中，将首先映入到你眼帘的那张照片或图片，或者其某一部分绘制到你的“共振地图”上。当然，不仅仅是这种全是照片或图片的页面，对于文字来说，也可以只摘抄其中的某一部分。所以这种情况下，只要记住像对待文字一样，将首先映入眼帘的照片或图片绘制到“共振地图”上即可。

Q：绘制出的曲线总是一个样子，这说明什么呢？

A：每次绘制出的曲线，都应根据你所设定的阅读目的而呈现出一定的差异性。如果你每次绘制出的曲线都很类似的话，说明你遇到应该去解决的问题了。因为即便是同一本书，当我们带着完全不同的目的去读时，绘制出的曲线形状也是不一样的。

Q：进行步骤3时，总是会不自觉地将书中的粗体字或者大号字体选作"共振词汇"，这样也没问题吗？

A：刚开始接触"共振阅读法"时，的确会容易会选择那些相对来说比较粗、大的文字。当然，如果首先映入你眼帘的真的就是这些内容的话，那就把它们记录到"共振地图"上好了。这些加粗、加大的文字，也是作者（或者编辑）有意而为之的，那么我们不仅要只关注这些文字，对于其旁边的文字或不同的内容也可以看一看。总之，肯定还有其他的内容会引起你关注的。

Q：没法在20分钟内完成阅读。而且，通过这个方法发现其中有特别想读的部分，就会花很长的时间把它读完。

A：这是个非常好的倾向哦。大部分学习"共振阅读法"的人都有类似的经历。假如感觉会花超过20分钟的时间，不妨思考一下"之后还需要用多少时间，才能将这本书读完呢？"

恐怕，你会觉得在20分钟之后，再多个几分钟或几十分钟才够充足吧。迄今为止，大部分学习"共振阅读法"的人，都会选择再多用个十分钟，即使这样仍然无法将这本书阅读完也无所谓。

此外，有的人在前20分钟会发现这本书中有能够改变自己人生的重要内容。这种情况下，就不要再被人为设定的“20分钟时间”所束缚了，即使花大量的时间去阅读也是可以的。因为这可是一本能改变自己人生的书籍啊。不过，这里也有需要大家注意的地方。例如，有些人会选择再多花两个小时的时间，但这意味着用“共振阅读法”已经能再多看5～6本书了。通过阅读同一领域里的不同书籍，有助于我们对该领域的知识有更为详细的了解。

因此，假如你决定再多花两个小时在“阅读”上的话，不如先用一个小时的时间，通过“共振阅读法”看一看同一领域的另外三本不同的书籍。然后，再利用剩下的时间，回过头去重读最初的那本书。这样不仅能加深我们的理解程度，也是更有效率的时间分配方式。

Q：“共振阅读法”也可以用来读小说吗？

A：当然可以，用“共振阅读法”来读小说也是可以的。不过有一点需要注意，小说作为一种特殊的文体，有的人喜欢从第一页开始慢慢读的方式，这时就不推荐采用“共振阅读法”了。

当我们用“共振阅读法”来读小说时，能够清晰地掌握作者创作这本小说的想法以及整个故事的情节结构等。而且，原本这种“三幕（三栏）”式的结构，就是故事线展开的方式，所以这能让我们更清楚作者的构思。

总之，如果你将来想成为小说家的话，可以尝试用"共振阅读法"来阅读，这样可以让自己与作者处于相同的视角。

当然，如果你并不想享受读小说的乐趣，那么大可使用"共振阅读法"来进行快速阅读，同时也能加深自己对故事情节的理解。

Q：在看Kindle版的电子书时，也可以使用"共振阅读法"吗？

A：当然可以。我自己就经常运用"共振阅读法"在Kindle上阅读英文书籍。只不过在实际操作上稍有不同，如Kindle可能无法实现"随意地翻阅"，而且一般在书的页码位置显示的也是四位数或五位数的"位置编号"。

由于不能像翻书一样进行"随意地翻阅"，我们可以利用进度条，或者点击页面后输入页码数字等方式来进行"翻页"。

由于Kindle上一般不显示书的具体页码，所以也可以用"位置编号"来代替页码使用。我们可以通过Kindle菜单中的"位置"按钮，定位到所需的"位置"。

第3章 养成阅读的好习惯，随时随地都能快速阅读并记住内容

在电车上也能读完一本书

迄今为止，完全没有阅读习惯的人，也可以借助“共振阅读法”来实现轻松阅读的体验。这是我经常会收到的反馈。

原本要用一个月才能读完一本书，现在通过一张纸，用20～30分钟就读完了。所以，可以利用碎片时间来进行阅读，让自己保持阅读的习惯。

早晨起床后的时间、坐电车的时间、午餐时间、在两轮会议之间的空闲时间……

今后，这些碎片化的时间都可拿来变成有效率的阅读时间了。

我之前还在公司上班的时候，就一直利用这样的碎片时间来看书。

特别是坐电车的时候看书，这几乎成了我每天必做的事情。我经常在从横滨市开往东京涩谷区的“田园都市线”电车中看书。

使用便签，等电车的时间也可以用来进行“共振阅读”

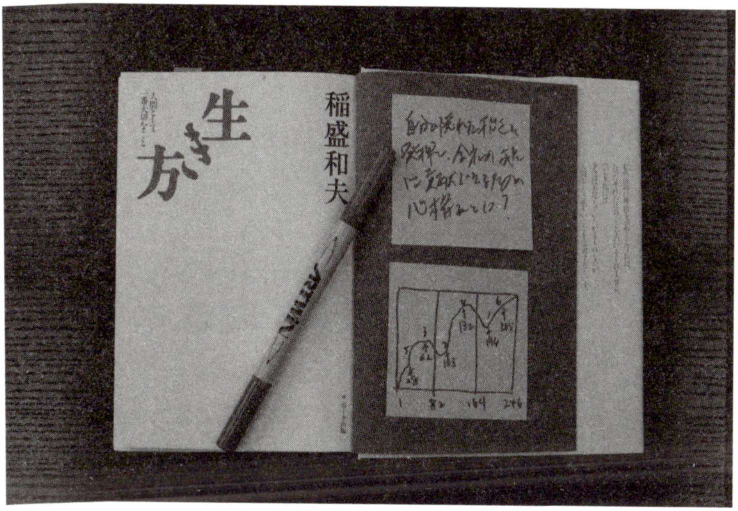

如果你也打算在电车中尝试“共振阅读法”的话，这里推荐你采用下面的方法。

首先，利用在站台上等车的时间，提前绘制好“三栏表格”。

可以在正方形的便笺纸上绘制“三栏表格”。

或者，直接使用本书后附的表格。

再在另一张相同大小的便笺纸上，写下自己此次阅读的目的。接下来，就是随意翻阅书籍，绘制曲线，标记页码。

在乘坐电车的过程中，就可以把书翻到标记的那一页，像前面介绍的那样大致扫一眼，然后阅读自己感兴趣的部分。

通过这种方式，在乘车的20分钟时间里，大概就能看完一本书了。

利用午餐时间来阅读，一年能看250本

除了坐电车的时间外，还可以利用午餐的时间来阅读。因为，这也是相对自由的一段时间。

当我们养成了阅读的习惯后，这段时间就从原先“满足对食物的渴求”变成“满足对知识的渴求”了。就好比你会思考“今天是吃意大利菜还是中国菜呢，抑或是日本料理、法国菜？”一样，除了“吃什么”以外，对于“在哪儿吃”也会提出自己的要求。“最好是比较安静的环境”“能晒到阳光的露台”“能从落地窗看见外面景色的高层饭店”等，这些能让我们集中精神读书的地方，都成了备选项。

在午餐时间，可以使用“共振阅读法”的常规步骤，在20分钟内读完一本书。

下面，我们就来看一个利用午餐时间养成阅读好习惯的案例。

系统工程师棚谷元树，一直以来都想让自己养成阅读的习惯。

为此，他去参加了介绍速读方法的讲座，却收效甚微。

但在听过了“共振阅读法”的讲座之后，他逐渐养成了利用午餐时间来阅读的好习惯。

他坚持每天利用公司午休的20分钟时间进行“共振阅读”，**在一年的时间里，读完了250本书**。

而且，不仅局限于此前一直所看的领域，他开始拓展自己阅读的范围，并能与同事分享书中的内容。

利用午餐时间进行“共振阅读”的诀窍，有以下几点：

· 营造自己一个人独处的时间。

· 选好阅读时的背景音乐。

· 准备一个消噪耳机。

· 准备一个心仪的笔记本或者便笺纸。

· 将阅读的时间限定在20分钟以内。

虽说与同事共进午餐也是很快乐的事情，但是如果你打算进行阅读的话，最好还是给自己一段独处的时间。

为了在碎片时间里集中注意力，可以一边听音乐，一边阅读。所选的音乐，最好是能让人放松的轻音乐类型。推荐那种带有海浪声、山川流水声等自然界声响的音乐。比起一般的音乐来，这些音乐能让我们在听的同时不影响听到外部的声音。

如果还想进一步让自己集中精神的话，可以选用消噪耳机。像BOSE出品的Quiet Comfort 20 Acoustic消噪耳机，就非常轻便且隔音效果很好，推荐大家试一试。

晨读，让你的孩子跟你养成阅读好习惯

除了午餐时间外，我们还可以利用早晨上班前的30分钟来进行阅读。

早晨上班前我们有很多事情可以做，如打扫卫生、洗衣服、熨西装、做早饭……如果我们能起得早一些，那么就可以利用这个时间进行晨读。请看下面的案例。

住在大阪的村上英范，会在早晨上班前，用30分钟时间进行“共振阅读”。早晨看书的好处是，头脑此时处于相对清醒的状态，所以会比坐车时的阅读速度更快一些。

用手机将绘制在笔记本上的“共振地图”拍下来，保存到“印象笔记”（一款跨平台的云同步笔记软件）并添上自己的一句话注释。对于之后很想进一步阅读的书籍或者打算深入了解的理论，可以利用坐电车上班的30分钟时间，一边回顾自己的“共振地图”，一边阅读几处重要的内容。

养成这种晨读的好习惯，也会给你的工作带来变化。村上在他公司内部的SNS（社交网站）上，建了一个关于经营管理类书籍的书评开放交流小站，可以在上面发表简单的评论。此外，在公司内部进行发言时，也更容易用自己的语言来表述自己的观点和想法。

但最重要的是，你的子女早上起床后，会看见**自己的爸爸妈妈从早晨就开始努力学习的样子**。所以，你的晨读行为多多少少会影响到他们，让他们也自发地养成晨读的好习惯。

父母努力学习的身影，会给子女们带来巨大的影响。

2009年，财团法人出版文化产业振兴财团公布的《现代人的阅读状态调查》结果显示，**父母有阅读习惯的话，他们的子女也会表现出“喜欢阅读”的倾向**。比起那些在“不喜欢读书”的家庭中成长起来的孩子，读书家庭中的孩子其“喜欢阅读”的倾向要高出20%。

另外，这项调查结果还显示，家中有自己的书架的孩子，也会更“喜欢阅读”。

所以说，**你的阅读行为，绝对不是只为了你自己而为之的，你的一举一动也会影响到身边的人**。

也许你仍然会觉得自己“不擅阅读”吧，但是，即便如此也还是应该坚持去做，因为这可能会成为让你的孩子喜欢上阅读的一个契机。所以，即使不擅阅读也没关系，先尝试着让自己在孩子面前保持阅读的“姿态”吧。

实际上，我也收到过这样的反馈，就是孩子在接触到“共振阅读法”之后，也养成了阅读的好习惯。

先前所介绍的利用午餐时间阅读的棚谷君，他现在就会和自己的孩子比赛，看谁能在一个月的时间里读更多的书。对此，我感到非常欣慰。

怎么做才能记住读过的内容呢？

大家是否有这样的经验：当你读完一本好书后，会有非常振奋的感觉，心中想着“好吧，从明天开始就按书中所讲的去做吧”。可有了这样的想法之后没过多久，结果就变成了：

“虽然书都看完了，但是内容却不记得了”。

“感觉好像学到了什么，但是又回想不起来”。

要想不忘记读过的内容，让其永驻我们的脑中，必须重视人脑的“输出”作用。

实际上，**“共振阅读法”所能做到的，不仅仅是向大脑“输入”信息，同时也能产生一些“输出”的内容。**

因此，只是看着自己所绘制的“共振地图”，也能够帮助你回忆起读过的内容，让你找到接下来能付诸行动的灵感。

这里再介绍一个案例，在金泽地区举办“历史朝活”的安藤龙的经历。据安藤君说，其在掌握了“共振阅读法”以后，**每周讲话**

主题的准备工作变得轻松了许多。原先准备工作所需的时间，被压缩了一半。

“共振阅读法”的魅力，不仅在于能做到“输入”，也能产生“输出”的内容。

安藤君介绍说，自己正是基于“共振阅读法”所学习到的知识，决定辞掉在大型物流企业的工作，开始独立运作“历活”的活动，并将其作为自己的事业，此事还被当地的报纸采访报道过。

像这样学会了“共振阅读法”，然后将通过阅读学到的知识付诸实践，并因此改变了自己人生的案例还有很多。

那么，下面就将结合具体的案例来说一说，如何利用这些通过“共振阅读”所得到的“输出”内容。

通过微小的“输出”，让自己不再忘记

比起只实现“输入”的阅读方式来，如果可以产生一些微小的“输出”的话，将会使我们的记忆更加深刻。

哪怕只是微小的“输出”，也会在我们的头脑中产生充分的存在感。

为了不忘记读过的内容，我们需要做到“输出”，而这个过程中有一点需要注意。

那就是要保持“放松感”。在不断累积阅读的同时，还能够**保持从容、洒脱的感觉，这样才不会忘掉读过的内容**。

“特别想记住”“千万不能忘记”“怕上司或朋友问起读过的内容”等，**这些过度的压力会使我们的内心失掉“从容感”，也会让我们的学习能力急转直下**。

同样，我们的大脑也在“安全需求”和“生理需求”等方面受较大的影响。当大脑感受到来自“特别想记住”“千万不能忘

记”“怕上司或朋友问起读过的内容”这些过度压力时，就会采取“收紧”的措施，思维活动也将停滞。

因此，像“失败了也无所谓”“没事，一定会成功的”“感觉状态不错”这些话，反而能使内心“放松”，从而产生一丝从容，**当我们的大脑感知到“安全性”“可以生存下去”时，才会恢复到原本活跃的状态**。

所以，重要的是我们必须知道，在“输出”的内容方面无须过于牵强。**即便是微小的“输出”，当我们落实到实际的行动中，也是能带来改变的**。只有做到这一点，才能真正享受自由自在的阅读。

迄今为止，学习“共振阅读法”的人，也都是从一些微小的“输出”做起的。

· 尝试向别人介绍书的内容。

· 将书的封面和自己绘制的“共振地图”，发到社交网站上并附带简短的书评。

· 填写并寄回书中附带的读者回执。

· 在博客上简单地介绍这本书。

· 时常回顾自己绘制的“共振地图”。

· 将自己感兴趣的内容抄写下来。

· 尽快将书中所讲的内容付诸实践。

· 随意翻阅后，让自己早早地睡去。

你看，即使是这样微小的“输出”也是可以的。只要尝试，就会给你的日常生活带来变化。

如果能从他人那里获得对这些微小“输出”的反馈，那将是最好不过了。我们实践“输出”的内容，并获得一定的反馈，这能让大脑负责“社会性”和“渴望承认”的部位更加活跃。这样一来，大脑中负责处理并长期保存记忆的“海马体”，以及负责感情的“杏仁体”也将变得很活跃。结果就是我们会更容易记住这些内容。

这里就来介绍几个将微小的“输出”落实到行动中，从而带来变化的案例。

为什么回看“共振地图”就能想起书中的内容？

对于那些希望“读完能牢牢记住内容”的人或者“想要记忆”的人，我推荐你们可以尝试回过头去，看看自己所绘制的“共振地图”。

从事中小企业咨询服务工作的冈田明穗，通过“共振阅读法”大大缩短了自己的阅读时间。不仅如此，**对内容的理解能力也有了显著的提升**。

对此她表示，“感觉阅读时的所思所想，都残留在‘共振地图’上了”。原因就在于**我们仅仅通过回看“共振地图”，就能简单地回顾全书的内容，对从书中所学到的知识，印象也会更加深刻**。这一点是以往的读书方法无法实现的。

《纽约时报》的科学记者本尼迪克特·凯里，在其所著的《如何学习》（*How We Learn*）一书中曾提到，我们将学习的内容保存到大脑中的过程，具有以下几个特点。

· 分散式学习，即知识不可能是一夜间获得的，而是会分成几次来进行学习。

· 变换方法学习，即重复学习是错误的，应变换不同的方法来进行学习。

· 要想今后能够回忆得出来，则需留有“明显的线索”。

而“共振阅读法”可谓是能同时满足这三点的一种“阅读方法”兼“学习方法”。

“共振阅读法”的各个步骤，其实就是在进行“分散式学习”。

同时也相当于分别从作者的立场、故事线的角度，来“变换不同的方法”进行阅读。

“共振地图”就是帮助今后进行回忆的“明显的线索”，只需要看着它，就能回想起当初阅读时的感受。

特别是想要牢牢记住书中内容时，推荐大家首先看一看自己通过“共振阅读法”所绘制出的“共振地图”。

另外，利用智能手机的照相功能，能够将“共振地图”拍下来存在手机里，方便的时候随时随地拿出来回看。

从此不再害怕与他人交流感想

我能够养成阅读的习惯，主要源自与朋友的对话交流。

每次从学校走到涩谷车站的10分钟路程里，我会和朋友聊一聊今天读的书，这样就不知不觉间养成了阅读的习惯。

最初我还是鼓起勇气，带着“即使被笑话也无所谓”的想法去交流的，幸运的是朋友也很喜欢彼此间谈话的内容。这让我在读完了一本书后，能够将其分享给其他人。**正是由于这微小的成功体验，让我从一个“不擅阅读的人”变成了“喜欢并擅长阅读的人”**。

而且，这小范围的交流对话，也逐渐变成了大家一起学习交流的活动。从最开始的一个人、两个人、三个人，到形成了一个圈子，再到成立了“学习会”这样的社团组织。并且**从这个“学习会”社团中，陆陆续续诞生了“成功转系”以及“获得奖学金”的人**。这种连续的成功体验，一直到我走上社会以后仍留存在心中，所以，让我有了构建可供大家一起学习交流的组织的想法。

阅读时想着“自己读完这本书以后，有哪些内容是一定想与某个人分享的”，这样才能让我们记得更牢。

而且，**这些内容尽量言简意赅，最好是能引来对方疑问或反馈的内容**。这一小步，将改变你的人生。

也许还有人会质疑：只是这样就能改变我的人生吗？

下面就来介绍一个案例。

在地方出版社担任企划营业部部长一职的山川祐树，在学习了“共振阅读法”以后，与爱人之间的对话交流，也发生了戏剧性的变化。

以前，即使看完了一本书，也常常回想不起其中的内容，无法与他人进行交流。

但是在听了讲座以后，却能向爱人进行以往不可能做到的、流畅的说明。而且，面对爱人所烦恼的事情，也能给出相应的建议。

可以说，之前一直都是自己一个人埋头阅读的状态，后来由于加入了“为他人而读”的视角后，就会在更多的时候想着“现在所需要的答案是什么”，然后再进行阅读。

除了一直想看的书外，我开始挑战那些此前从未敢涉猎的脑科学、认知科学等方面的书籍，从而拓宽了自己阅读的范围。

我也会看一些与工作没有什么直接关系，但能从中获得工作或人生启示的书籍。这样的话，不仅仅局限于“阅读”这方面，甚至也可以说是拓宽了自己的事业观和人生观。

总之，不要只是“为自己而阅读”，还可以想着“为他人而阅读”。从与他人分享的角度出发，你的阅读体验甚至整个人生都会变得不一样。

当我们养成了阅读的好习惯后，每年的阅读量就会超过100本书。这样当对方倾诉他的烦恼时，我们就能瞬间想起某本书的内容，知道哪本书很适合他去读。

为什么我们能轻而易举地回想起这些内容呢？因为，我们不仅是在为自己阅读，也是带着“这些内容会对谁有益”的想法而进行阅读的。

在进行“共振阅读”时，想着“谁一定会很喜欢这本书的内容呢？”同时在头脑中浮现出想要与其分享的那个人的样子。

通过想象出一个不同于自己的对象，来让大脑记住这些“重要内容”。也就是说，让这些内容黏在头脑里。并非是让自己“必须记住这些内容”“必须一字一句的准确记住作者的观点”，而是自然而然地就记住了。

你想将你现在所读的书的内容，分享给谁呢？

合伙人？朋友？兄弟？姐妹？父母亲？同事？我们一边想象着

对方的样子，一边看着“共振地图”。

想一想，如果只有三分钟的话，哪些内容是你最想分享给他的。

然后，立刻去给他发送邮件或短信吧。

先从自己被感动的内容开始分享

那么，接下来就说一说如何与他人进行分享吧。

分享时需要注意的地方，与撰写书评类似。当我们要与对方聊起“阅读”的话题时，无法避开的三个要点是：

· 作者的姓名、书名；

· 作者的观点；

· 自己所感动的内容。

按照这三个要点，大概用三分钟就能向对方介绍完一本书。但是，即便如此，还是有很多人不擅与人交流的吧。

那我们可以按以下的方式来展开对话。

首先推荐尝试步骤1，如果我们和对方很熟悉的话，可以再进行步骤2的内容，最终过渡到步骤3，以此来与对方进行分享。

与对方分享的三部曲

步骤1：说一说自己看完后感动的内容。

步骤2：如果与对方相识的话，还可以向对方转述他能从中“学到”或者“获得解决烦恼的启示”等内容。

步骤3：基于对方所遇到的烦恼和问题，具体思考“这本书能帮助他解决问题吗？”或者“能为他提供解决问题的启示吗？”然后与其分享。

也许有读者会问：“这样做就可以了吗？”不管怎样，首先尝试根据这几点与对方分享你的阅读吧。

如何在社交网络上输出高点赞量的书评

相信很多人在读完一本书后，都会有想在“博客”或“微博”等社交网站上分享的冲动吧。

下面就来介绍通过“共振阅读法”轻松撰写书评的案例。

以开发手机上的拇指键盘输入法“orz-Layout”而闻名的大东信仁，目前也正在以大阪为中心，开展面向全国范围的网络写作讲座活动。他表示，**利用“共振阅读法”进行阅读后，连撰写书评时的感觉都与以前截然不同了**。

以往只是自己“单方面”的阅读方式，在改用“共振阅读法”之后，好像是自己在直接向作者提出问题的感觉。

真的像是“在与书籍进行对话”的这样一种阅读体验，不仅能比一般的读者在更短的时间内完成阅读，而且对整本书的理解也更加透彻。由于是在理解的基础上进行记忆，所以肯定会比“死记硬背”的印象更为深刻。

而且，当自己在纸上写写画画的同时，也等于是**为撰写书评打好了一个草稿**，这样后面再去写书评的时候，就会感觉非常轻松了。

大东君说："这种感觉就好像是**将自己脑中的知识进行了有机地整合一样**。"

当我们要在博客上推荐这本书时，相当于是在阅读博客文章的"网友"与写作这本书的"作者"之间搭建起了一座桥梁，所以，**来自网友的反馈也会比以往更频繁了**。

在撰写书评时，最不能忽视的环节就是"打草稿"了。

只要事先写好了一个"草稿"，然后再在其基础上进行一些补充和修改，就能写出一篇不错的书评了，整个过程也会感觉非常轻松。

因为当我们在创作时，有一个哪怕是未完成的雏形，往往也会使之后的工作变得比较容易。

此外，还有调查结果显示，**将自己的想法写出来，也有助于激发我们自身所隐藏的某些才能**。20世纪20年代的研究学者凯瑟琳·考克，曾对历史上的300多名"天才"进行过一次调查。结果发现，这些"天才"所共有的一个行为，就是都会**倾向于通过书信的方式，向自己的朋友或家人来表达自己的想法**。

通过写博客或记日记等方式，来记录自己的想法、经验、感想，恐怕有这样习惯的人还不到1%吧。当然，对于非常介意将自己所写的东西公之于众的人，也大可不必强求自己去向谁公开什么。只要让自己能坚持写一写就好了。然后，可以只将其中自己满意的部分公开即可。

当你进行“共振阅读”时，感觉自己想要写下些什么时，请随便写一点，就当作是“草稿”好了。

想写出令人喜欢的书评，关键要“放松”

“一拿起笔写作就倍感压力”“感觉写作就必须得行云流水般，一口气写出一篇完整的文章”，相信有些读者还是抱有这样的想法吧。

这里我要稍微骄傲自满一下——我曾经仅通过一封邮件，就搞定了一千万日元的单子，定员200人的高价培训班，也是座无虚席。

有各种各样的方法可以提升你写文章的技巧和能力，但这两年来我开始愈发觉得，**写文章时最好还是应保持放松的状态**。

只有在“放松”的状态下写出的书评，才会得到更多人的点赞。

下面我就向大家介绍一下“放松”撰写书评的方法吧。

①首先尝试直接“放松”地打草稿

在打草稿的阶段，可以在阅读结束后，马上就在“共振地图”

上直接写下内容。

重点是要将自己所想到的内容，全部直接“放松”地写下来。

这里所说的“放松”，是指**不要过于在意语法、文字等方面的准确性。也就是要随着自己的心绪，不停地写下心中所想的内容**。

打草稿时的环境也很重要。我通常的习惯是选择在星巴克或者圣摩珂这样的咖啡店，整个店里都充满咖啡的醇香，而且照明也比较昏暗，非常适合写作。除此之外，桌子和椅子的高度也会有很大的影响，1米左右的高度是刚刚好的。

②在撰写书评时，要设想一个读者对象

书评并不是随意写出来就能给读者看的，撰写书评的秘诀就在于**要先定一个具体的读者对象**。设定具体对象时的要点，就是要稍稍模糊其真实的个体情况。其实也就是从事“市场”方面的工作时常会采用的“描绘用户性格”。即**为即将要销售的产品，设定一个明确的目标客户群体**。

例如，在全国已开设了50多家连锁店铺的“Soup Stock Tokyo”①，就是通过设定特定的目标顾客，从而获得了事业上的成功。他们主要是像下面这样来描绘用户性格的：

① 日本知名连锁零食店品牌。

“秋野露，37岁的女性，在东京工作的职业女性。独身或者双职工的状态，经济上比较宽裕。性格上比较喜好社交，相较于华而不实的产品，更注重其功能性。比起鹅肝来，更喜欢吃猪肝，游泳时也是喜欢采用自由泳的姿势。像这样的秋野女士，她所中意的店铺氛围、菜单的设置、价位等，应该是什么样的呢？”

以这样的方式构建起来的Soup Stock Tokyo服务，自然会更受中年女性阶层的喜爱。

我们在撰写书评时也是一样的道理。同样需要设想一个特定的目标读者群，这样才会让更多的人接受我们的文章。

实际上，我们在使用“共振阅读法”看书时，也能逐渐了解到作者自己所设定的“目标读者群”的样子。这其中说不定就有某个我们所熟悉的人的影子，所以我们会想“啊，原来他正被这样的问题困扰啊”。

③“放松”地进行整理

当具体的目标对象浮现出来以后，我们就可以结合其具体的情况，对之前写好的草稿进行修改和整理。

主要针对目标读者，思考**“现在他正被什么问题所困扰？”“他读了这本书以后能解决什么问题？”“他会对书中的哪**

些内容感兴趣？”这样三个问题。

这些就是能让我们实现“放松”的内容。我们在修改和整理文章时，一旦心中有了一个目标读者，即使他所遇到的实际情况比我们所设想的还要糟糕，但至少我们的文章中不会出现逻辑上自相矛盾的情况。以往的书评大多以抒发自己的感想为主，而通过设定特定的目标读者，能够**让读者在看书评时，产生宛如在和自己说话的感觉**。

所以，这可谓是让文章附带魔力的一个技巧了。对于那些每次拿起笔来，都要花好几天的时间才能写就一篇文章的人来说，可以运用这种方式让自己“放松”，以跨过心中对于“写作”的那道坎。

④在文章中加入我们自己的风格特点，并尝试大声朗读出来

稍稍“放松的感觉”，可以让我们写出更具自我风格的文章，同时也能让更多的人愿意读我们的文字。反之，如果我们不懂得掌控“放松”的度，很可能就会“用力过猛”，让整个内容变成过分带有自我情绪的、主观性很强的一种表达，这种情况时有发生。而且，大家写好后一定要试着大声朗读，通过这样的方式能让我们发现文章中的一些低级错误。

所以，只要能做到“放松”，写文章就不再是难事了。先打好草稿，再大声朗读出来，最后进行修改和润色即可。

这种“放松”地撰写书评的方法，同样也适用于撰写普通的文章。

我的一个朋友是某家首饰公司的女社长，她就曾告诉我：**“通过使用这个方法，使得公司的月销售额增长了2倍**。”可见“放松”是多么重要啊！

成功人士看完书后会做的两件事

阅读可以改变人生。这种感觉，就好像**行走在黑暗的世界中，突然有一束光射进来，照亮了前行的道路**。

我在序章中曾说过，我自己的人生因为阅读而发生了戏剧性的改变。其实，不仅仅是在我自己身上，我也曾目睹过许许多多的人，他们的人生也因阅读发生了变化。

不过，也有很多人即使学会了阅读的技巧，仍然没能收获成功，这也是事实。

学习和掌握阅读的技巧，也许只能让我们向前一小步而已。

实际上，**无论是收获成功也好，还是改变自己的人生也罢，都不可能只通过“阅读”就能实现，关键还在于你之后能否有实际的“行动”**。

“要是能成功就好啦”“要是一切进展顺利就好啦”，我想所有人都会有这样的想法吧。关键是不能只想着“要是能成功就好啦”，而是要将这种想法与“通向成功的实际行动”结合起来才行。

所谓的“行动”，就是指让我们的想法在现实中以某种形式留存下来。

即便十分微小也没关系，总之一定要让自己行动起来。

著名的成功学创始人拿破仑·希尔，就是以果断地做出决策并付诸行动而闻名于世的。当美国钢铁大王安德鲁·卡内基问他是否愿意接受委托，为一门新的哲学分支（即“成功学”）进行调查研究时，他在29秒的时间内就给出了“愿意”的回答。

如果你也有想要改变自己的人生、改变自己的日常生活的想法，那么同样也要迅速地做出决断，最开始我们可以将精力集中在下面这两件事上。

那就是——去见新的朋友、去做一些事情。

我曾读过拿破仑·希尔，以及本田健的书，学生时代也曾采访各种企业的经营者超过100人次，大部分后来获得成功的人，都会在读完书后就这两方面制订计划，并很快付诸行动。

企业的经营者在读完有关商业运作模式的书籍之后，会马上指示企划部的同事，从明天开始就制定新的商业模式。想要成为一流商务人士的人，在读完书后会立刻在客户的身上实践所学的内容。

如果是作家的话，在阅读了有关人文学以及最新科学的内容后，会马上思考能否将其加入到自己的故事中，甚至会为此去拜访相关领域的专家。

总之，任何改变的产生，都逃不开这两方面的内容。

在这里我给大家介绍一下，阅读后在“人”与“事”等方面采取行动并收获成功的一个案例。

首先介绍的是，在德岛和香川等四国地区经营“改革中心”的观元真人，观元君期望通过在地方设立这样的机构，带动地区的活力以促进改革。

而最初产生这样的想法，还是因为一本叫作《创业无畏：指数级成长路线图》（*Bold: How to Go Big, Create Wealth, and Impact the World*）的、有着红色封面的书。这本书所阐述的是位于美国硅谷的奇点大学的创办者对今后商业模式的变迁，以及具体新一代商业模式的描绘。

观元君在看了这本书以后，就在思考具体的行动。

他首先从书名“Bold穿透力”联想到了名字与其类似的“Bold洗衣粉”[①]，进而又从洗衣粉联想到了“家庭、家族”……然后就产生了“能否通过让全家人一起参与的活动，来带动地区的活力”这

① “Bold”是宝洁公司在日本推出的一款洗衣粉的名称。

样的想法。坦白说，这在普通人听来，也许就是一个并不好笑的笑话吧。

但是，观元君却是认真的，他马上就制订了在两个月内提供“家庭服务”的计划。等到两个月后这个计划真正被实施的那天，《创业无畏：指数级成长路线图》中所介绍的“99Designs”[①]日本分社竟然还和他取得了联系。

而且，“99Designs”还主动与观元君所运营的网站首页交换了链接。这对于从事新一代商业模式的观元君来说，真是一个非常难得的机遇呢。

实际上，类似这样的案例还有很多。不过老实说，很多人可能根本不会从“Bold”这一个词就联想到洗衣粉吧。

所以说，**很多我们身边的细小事物，往往能带来预料之外的结果**。

即便是再微小的行动，只要我们尝试着去做就能带来改变。就算是那些一直想做，却迟迟无法做到的事情也可以。只要你愿意去挑战，就一定会给你的现状带来巨大的变化。

① “99Designs”是一家提供众包式图片设计服务的网站。

制订行动计划，将想法变为现实

那么，你也赶快制订能将想法变为现实的行动计划吧！

①看着“共振地图”，寻找与“人”或“事”有关的提示

看着“共振地图”，从“共振词汇”和笔记中搜寻是否有与“人”或“事”直接关联的信息。例如说，根据书中出现的人名或场地名，我们可以去对这个人或场地进行调查，制订实地走访的计划。

②从书中的语句联想到提示

如果与名字没有直接关联的话，也可以从名字或某个事件中来产生联想。就像之前的案例那样，从“Bold”一词联想到“Bold洗衣粉”→“家庭、家族”→“家庭服务”。从你产生“共鸣”的词汇中，看看能否产生出一定的联想。

③将行动计划记到日程表中

请务必将制订的行动计划记到你的日程表中，不论是使用日程手册，还是iPhone或Google上提供的“日历”程序都可以。总之，要记录在每天都会查看的日程表中。

④将计划付诸行动

希望大家一定要将写在纸上的计划，变成实际的行动。只有这样，才能像前面介绍的案例那样，将想法变成现实。

参加作者签售会或演讲会

也许还是有人想不出具体行动的点子吧。

这样的话，我推荐大家可以**参加作者签售会或演讲会**。

参加作者签售会或演讲会的好处就是，你除了能与作者真正见面外，还能**了解作者没有写进书中，但也是非常重要的内容或者想法**。

越是优秀的作者，越有其独特的个性。

可能是作者的相貌、所穿的服装或者所佩戴的首饰等，还有他身体的动作、手部的动作、声音以及会场的气氛等，这些全都可以看作是作者想表现出来的“个性”标签。**通过接触这些由作者创造出来的世界观、“个性”等内容，说不定就能给你带来某些变化**。

我自己就曾经出于想要见一见作者的想法，去见过很多个不同类型的作者。甚至在几年后，还有幸与自己非常尊敬的作者一起共事。

可以说，如果我看完书后没有去行动，这些都是绝对不可能发生的。

只要你去行动，就能给你的未来产生哪怕一丁点的变化，所以说，行动改变现实。

拿出一点勇气来，克服“麻烦”“恐惧”的心理，这样你才会有机遇。

另外，还有一个能够很简单地与作者见面的场合，那就是出版纪念演讲会。这种演讲会通常会选在书店进行，并且只需购买一本书就能参加，也就是说，你只要花大约2000日元就能获得与作者见面的机会。

东京的书店所举办的活动预告，都可以很轻松地在“书店网”（http://honyade.com）上查询到。

当然，也有一些书店举办的活动，并没有被这个网站收录。

所以，请去当地的书店实地咨询，以确定好举办活动的具体情况。

通过学习会、读书会收获“新的伙伴”与“不同的观点”

一个人读书总是比较枯燥的。老实说，我也还没习惯独自一人的阅读方式。

就像前面说过的那样，如果你能有一个可以交流的朋友，那将会促进你的学习。

所以，如果你也想找到可以交流的朋友的话，我推荐你多去参加学习会或读书会这样的活动。

参加读书会、学习会的三个好处

- 能结识志同道合的朋友。
- 能从他人那里了解到与自己不同的观点。
- 交流分享我们所学到的东西。

最近，读书会和学习会这样的活动变得越来越多了。我自己也一直在举办这种能让大家互相交流学习的活动。

我作为经营顾问、知名作家神田昌典的合伙人时，就参与创立了**日本规模最大的读书会组织——“Read For Action”协会**。现在，我仍作为该协会的“高级阅读帮助人”，参与成员的培训工作。

一般的读书会都会在活动开始之前，让参与者自己先阅读好将要讨论的书籍或者某一主题的书籍。然后在活动中，参与者需要将自己事前阅读的书籍以及所思所想等，以主题演讲的形式进行发表，说是“读书感想会”更贴切一些吧。这对于不擅读书的人来说，反而加剧了他们的负担。

而“Read For Action”所举办的读书会，最大的特点就是完全不需要事前阅读任何书籍。只需要将没有阅读的书籍带过来，在现场大家一起边阅读边交流。有兴趣的读者务必去了解一下。

催生独创的商业模式，公司内部可以如何交流？

让我们再重新说回读书会“建立联系”的意义上来。

这种活动在公司这样的场合也具有构建内部关系的效果，以往有很多企业会举办聚餐、运动会、员工旅游、制作年糕等社内集体活动。通过这些活动，可以让员工之间互相了解工作之外的情况，让交流也变得更加顺畅，在业务上形成一个良性的循环。

但是，由于近年来经济不景气，受限于开支成本的控制，这类社内活动都相继被取消了。

公司内部的“联系”一旦丧失了的话，会给公司增加很大的风险。

比如，销售员为了提升公司的业绩，就会拼了命地想要增加销售额，但是经理、工程师、生产部门等对此并不理解。“为什么要让我做这个工作啊”，甚至还会引起这样的争执。

反过来的情况也有。工程师开发出了新的技术，可是他们有技术却并不清楚具体的目标顾客群。而对于销售员来说，没有目标顾客的话，就很难将产品卖出去。另一方面，公司的上司、社长却只会从整个公司的营业报表来做判断，一味地要求增加销售额。结果很可能是销售员仍然找不到准确的目标顾客，卖不出去产品，最终不得不辞职。这样就演变成了一个恶性循环……那么，我们通过读书会，就可以改一改公司内部这种混乱的交流状态，并重新建立起“联系”。

有很多“共振阅读”的推广者，会在他们的公司里实践“共振阅读法”。

其中，供职于NTT Advance Technology株式会社的三宅泰世，就通过“共振阅读法”举办了研究会活动。

他表示，**通过“共振阅读法”实现了此前的读书会都无法做到的“活跃公司内部关系”的效果**。

在这个日新月异的社会，很难再只靠一家公司的力量，就能够创立并维持一门生意。在这样的时代大背景下，开始有很多IT公司选择与其他行业的公司合作，举办“创意马拉松”（Ideathon）、“编程马拉松”（Hackathon）、“商业模式设计”等这样的研究会活动。但是，实际上对于初次见面的很多人来说，要想一起诞生出新的想法，却是很困难的一件事。

原因就在于各自所属的行业互不相同，岗位不同、业务内容不同、各自的背景也不同。再加上初次见面，难免还会有些紧张。如果不改变这种局面，彼此间的交流就无法顺畅进行。

据三宅君说，正是通过“共振阅读法”举办的研究会活动，一举打破了这种尴尬局面，让所有的参与者都能够在知识上形成良性互补，组成一个配合默契的团队。

NTT集团下属的多家公司集中在一起，举办关于商业模式的“创意马拉松”活动时，是以下面这样的方式进行的。

首先，利用“共振阅读法”来阅读有关创意以及商业模式构思的书籍，一共两本，共计500多页的内容。**在不到一个小时的阅读完成以后，成员之间再相互进行内容交流**。

仅仅是一开始的环节，就已经让参与者倍感吃惊。因为平时自己可能要花一个月的时间，才能看完一本300多页的经营管理类书籍。现在只用1个小时竟看完了两本，这实在让人感到惊讶。

而之后的分享交流环节，则更是令人感到意外。“共振阅读法”可以通过故事线的形式，**将自己想要去落实的行动计划、读后感想等信息，结合自己的工作与平时的生活传递给对方**。

在交流的过程中，不同的故事线能够让大家注意到彼此在考虑问题时的视角以及价值观上的差异，甚至还可以通过说明内容的方式，来了解这个人的性格等。

同时，也**能够让我们对同一本书的理解找到不同的切入口**。以5

个人为一组的话，就会有5种不同的视角。比起通过不同的切入口来学到什么新内容，更加重要的是这能一改以往“只考虑自己业务”的思维方式，并转变为换位思考。

另外，通过不同的切入口来进行说明，能在短时间内让我们加深对问题的理解。彼此之间结成互相交流的关系，就能催生出大量的新想法，这样一来就能**加速构思出新的商业模式**。

这样的研究会开始5个小时之后，就能够诞生出好几个具有独创性的商业模式来，再经过1个小时，甚至连之后发表的准备工作也都完成了。

一般来说，一个新商业模式的企划立案至少要用几个月的时间，甚至还发生过用几个月时间想出来的商业模式，由于跟不上公司发展的速度而被否决了的情况。

但是，三宅君表示，**“共振阅读法”能够实现让初次见面的人组建成一个团队，并在短时间内一起想出具有独创性的商业模式，真是一个“具有魔力的阅读方法”**。

让“输出”质量倍增，你要有个优质的睡眠

到目前为止，已经介绍了如何将“共振阅读法”运用于分享阅读以及实际行动的方法。

在本章的最后，将说一说如何保证优质的睡眠，以更好地发挥出“共振阅读法”的作用。

高质量的睡眠将使我们的记忆力倍增，并能让头脑中的各种想法联系到一起，从而产生高质量的“输出”。

那么，如何拥有一个优质的睡眠呢？首先，准备工作就很重要。

保证优质睡眠的4个诀窍

- 睡前2～3小时内不要进食。
- 临睡前喝半杯水。
- 为了让身体放松，可以进行简单的运动（瑜伽或者冥想）。
- 给自己一些简单的暗示，回想自己白天时的样子。

做好这4条，将使你的睡眠质量获得显著提升。

睡前2～3小时内如果进食的话，胃部为了进行消化就要耗费能量。而这就会影响到你的睡眠。

取而代之，在临睡前喝少量的水，则能够补充体内的水分，让身体进入放松的状态。而通过简单的运动，则能够让身体保持一个更加放松的状态。

通过这种方式，能将你从一天的疲劳、紧张和混乱中解放出来，**让你的大脑和身体都保持放松的状态**。**这样一来，大脑将在尽可能的范围内，通过默认的神经网络，检索解决问题的线索和突破口等信息**。

如果是有睡前阅读习惯的人，可以在完成前三条之后看一会儿书，然后入睡。

对于想要养成阅读习惯的人，我也推荐可以将明天想看的书拿来，随意地翻阅翻阅。

第4条“给自己一些简单的暗示，回想自己白天时的样子”，我们将在下一节中进行详细说明。

睡前和醒来的一句话，将能改变你的学习效果

你知道吗？每天晚上临睡前以及早晨醒来的时候，也是很重要的时间点。

因为在这段时间里，人会比较容易接受一些心理暗示。已经有很多的睡眠研究学者证实了这个说法。

著名画家萨尔瓦多·达利会在每天醒来之后，对自己进行这样的心理暗示。

“每天醒来后我就会对自己说‘我是萨尔瓦多·达利啊’，这样能让自己感受到最大的喜悦感。然后，还会继续反问自己‘身为萨尔瓦多·达利，今天可不能出什么乱子啊’。”

各位每天早晨醒来后，会因为“自己是×××”而感到喜悦吗？

你会对自己有这样的期待吗——“今天能否做些了不起的事情呢？”

临睡前与醒来后的这段时间，是**能够让自己产生变化的一个**

时机。此时对于你所发出的指示，你的内心处于很容易接受的一种状态。

当你晚上躺在床上感到非常疲倦时，可以像这样来问问自己的内心。**“明天发生什么样的事情，才是自己乐于见到的呢？”**然后，带着憧憬在脑海中想象一下。

例如，第二天上午与重要客户有约的话，可以像下面这样来暗示自己：

“今天晚上好好地睡一觉，让自己得到完全的休息。明天早上一睁开眼，我的身体就是一个崭新的状态。在与客户进行交流时，将做到更加准确和简洁，能够针对对方的需求和烦恼给出相应的建议，同时也能够顺畅地接下客户所说的每一句话，并及时地给予反馈。这样一来，与客户的对话将能够十分顺利地进行下去，从而达到我心中理想的交流状态。”

如果是明天要参加很重要的考试的话，也可以像这样来暗示自己。

“今天晚上好好地睡一觉，让迄今为止所学的知识点，都在心中一个一个地联系起来。明天早上一睁开眼，身心都将是一个崭新的状态，也是最适合出成绩的状态。去考场的路上也将一路畅通不堵车。到了考试时间，我的大脑和身体都将被调动起来，此前所学的全部知识也都被回忆起来，回答出所有的问题直至考试结束。我一定能尽我所学完成这次考试。”

在心中默念这些话，并放松自己的精神，将一切都交给你的“睡眠”。通过这样的尝试，你会感觉生活变得比之前更加丰富多彩了。

在临睡前与醒来后给自己一些暗示，这样能为你的学习效果带来成倍的改善。今天晚上就赶快去亲身实践一下吧。

第4章 想要拓宽自己的专业领域，该如何选书、读书？

从“通才”到“专家”，时代的要求变了

利用“共振阅读法”，能让你掌握各种领域的专业知识。

将“阅读”转变为“能力”的方法，主要体现在拓展专业领域上。

伦敦商学院的琳达·格拉顿教授就曾指出，要想在今后的时代中生存，就必须从以往那种对所有事物都仅仅只是肤浅了解的“通才”，转变为精通各专业的“跨界专家”。

这里所说的“跨界专家”，指的就是能够在自己本专业的知识与技能之外，再精通其他领域的专业知识。即**并非局限于某一个专业领域，而是通过各种跨界知识的积累，从而支撑起自己的专业性。**

这里就来说一个“跨界专家”税理士[①]的案例。他通过参加“日

① 据日本《税理士法》中对税理士的法定业务规定：税务代理、税务文书的编写、税务咨询、会计业务。随着经济环境和企业经营的不断发展，除上述业务外，税理士又新增了商品规划、经营分析、财务管理、市场开发、资金调节和运用等业务。其范围已经不局限于税务事项本身，而是渗透到了企业的各项经营领域中。

商簿记”考试[1]进入会计事务所工作。为了提升专业能力，他又去挑战“税理士”的考试，用三年的时间成功通过。在这个过程中，他掌握了自己本专业的知识和技能。

但是，随着注册会计师越来越多地涌向税务行业，使得整个市场呈现饱和状态。再加上他很早以来就很喜欢日本酒，所以就想以“成为全球酒税专家”为目标，去挑战海外的美国注册会计师考试。最终他通过了考试，现在在欧美以及亚洲等地区从事与日本酒有关的酒税事业。

像这样，**社会对人才的要求正从“通才”向“专家”转变**。

我自己也一直在拓展自己的专业领域。我原本所学的专业是“经济史”。之后，我又撒网式地学习了中国古典文化、商业模式、剧本创作、营销文案、市场管理、心理学、脑科学、行为经济学、“建导”技巧[2]等专业领域的知识。

如今的市场环境，往往让人陷入信息过剩的窘境。大量的信息让我们的思考停滞，最后只能求助于专家。皮凯蒂所著的《21世纪

---

① 会计等级考试。日本的簿记考试制度，主要包括日商簿记考试、全经簿记能力考试，其主考机构分别为各地的商工会议所、全国经理教育协会。

② “建导”是指通过创造他人积极参与、形成活跃氛围，从而达到预期成果的过程。这种成果可能简单到学习一项新技能，也可能复杂到解决一个跨组织和部门的复杂问题。总之，“建导”就在于积极引导他人主动参与的互动过程。

资本论》一书曾经获得空前的关注，但那也只是从与皮凯蒂有关的书籍以及杂志的销量上来说的，实际上大部分人是买来后读都没读就搁到一边了。

此外，传媒也在从过去高成本的“电视广播”媒体，向低成本的“互联网”转变。日本自1998年开始普及互联网，经过17年的发展，2015年开始进入“自媒体”时代。

人们对待“信息”的态度，也从以往的“不知道也没事”变成了“不知道就是损失”。而且，如果不弄清信息的出处和真实与否的话，就会陷入混乱的状态之中，麻烦不断。

坦白说，**这与你能否阅读大部头的专业书籍也有直接的关系**。

已经看到本章的各位读者，应该都能够利用“共振阅读法”来阅读大部头的专业书籍了吧。

也许还是有人无法借此拓展自己的专业知识，那么接下来就介绍一些成功的案例吧。

如何在短时间内撰写出专业的论文？（上）

一般来说，以写论文为主的职业，利用“共振阅读法”都能够实现轻松写作。而我也确实时常收到这样的反馈。

比如，**从事大学老师、研究员、职业治疗师、营养管理师这些职业的人，他们都表示能在很短的时间内，完成论文或报告的撰写工作**。

心理学家筒井顺子可谓是利用“共振阅读法”来写论文的第一人了。在没有接触“共振阅读法”之前，筒井非常苦恼“自己用两年的时间都写不完一篇论文”这件事。

但是，在学习了“共振阅读法”之后，**仅仅用了两天的时间，就构思好了此前迟迟想不出来的论文大纲**。

活跃于地方的营养管理师、德岛大学兼职讲师中川利津代，也被即将在学会上发表的论文所困扰。为了撰写论文必须阅读先前的论文，此外还要准备各种参考文献，一想到要做这一大堆的事情，就感到非常烦恼。而且，也不清楚该如何从大量的工作中找到切入口。

但是，“共振阅读法”让她做到了胸有成竹。她表示，**迄今为止要花几个月的时间，甚至几年的时间才能完成的论文写作工作，现在只需一个月的时间就能搞定了**。

还有活跃于德岛地区的职业治疗师吉野哲一，“共振阅读法”让他大幅缩短了要提交给医院的报告的撰写时间。**以往要用一周的时间才能写完的报告，现在只需每天花三个小时，一共两天的时间就制作完成了**。

像这样，“共振阅读法”让很多人实现了“短时间内完成论文或报告”的想法。

如何在短时间内撰写出专业的论文？（下）

接下来，再介绍几个在短时间内掌握了专业的技能并在公司发挥出自己实力的案例。

在大型食品集团从事市场工作的国井诚，通过“共振阅读法”让自己在短时间内就掌握了专业的技能。

国井君所在的公司为了改革内部会议的流程，而任命其负责“建导”的工作。但是，公司内的人几乎都不清楚“建导”这个词是什么意思。就在他困惑不知该怎么办时，想到用“共振阅读法”来试一试。

首先，他觉得要补充大量的知识，于是购买了十本有关“建导技能”的书籍，并用三天的时间进行“共振阅读”。

结果就是，不仅学到了相关的专业知识，而且掌握了“建导”的技能，能够像一名专业的“建导”那样去开展工作。国井君表示，**“共振阅读法”不仅能让他短时间内完成阅读，还让他在短时**

间内成了一名“专家”。

还有，为中小企业提供咨询服务的景山洋介，通过“共振阅读法”让自己能够应对此前从未涉及的演讲主题。

某次讲座活动，原定担任主讲的讲师突然缺席，他不得不作为代理讲师，被委托讲解关于经营、销售战略方面的课题。虽然在做公司职员时就有做销售的经历，但是此前却从未做过有关这一主题的讲座。于是，他利用“共振阅读法”阅读了三本关于市场管理方面的书籍，还有三本关于营销战略的书，然后去做了演讲。

你猜结果怎么样？他不仅在很短的时间内完成了三个小时演讲的准备工作，而且还**准确地提炼出了要传递给听众的知识要点，在随后对听众进行的问卷调查中，也获得了很高的评价**。

你也可以利用之前我们所介绍的“共振阅读法”，让自己在周末的两天时间里，变成某个领域的专家哦。

周末两天，撒网式拓展自己的专业领域

这里来说说如何利用周末的两天时间，撒网式地拓展自己专业领域的方法。主要有以下三步：

1.思考拓展自己专业领域的目的

首先，要思考自己今后想掌握哪个领域的专业知识，对具体的专业和学习目的进行一定的思考。

例如，下面就是我思考过的一些“目的”：

“短时间内撰写出以多数人为对象的书评文章，为此我还需要掌握哪些必要的技能呢？”

“能让我短时间内掌握市场营销的相关知识，并能马上用于宣传推广的方法有哪些呢？”

“从认知心理学的观点来看，有没有比现在更有效率且更轻松的学习方法呢？”

“学习电影剧本的创作方法，能否将其模式运用到商业活动中呢？”

2.去大型书店逛逛

当我们决定了具体的专业领域以及学习目的之后，就可以去大型书店逛一逛。如果你身边没有大型书店的话，去图书馆也是可以的，不过我还是推荐大家尽可能去大型书店。

我经常会去几家大型书店，是那里的常客。这都源于我曾经在父亲的书房里，读到过的由经济评论家长谷川庆太郎所写的一本名为《信息力》的书。

那本书中写道：**“经常去逛逛书店，甚至固定去某几家自己常去的书店，就是让自己邂逅好书的秘诀。”**

我常去的几家书店有：位于东京的BOOK1st新宿店、纪伊国屋书店新宿总店、丸善书店丸之内总店。还有位于大阪梅田的茑屋书店、淳久堂书店大阪总店。此外，在去地方出差时，也会去逛一逛当地的大型书店。

大型书店的优势就在于，**从刚刚出版的新书到一些经典的书籍，以及小规模的书店里见不到的书，都能在这里买到**。

当然，如果是目前大热的畅销书，在小规模的书店里也是能很快买到的。

为了让自己更好地掌握专业领域的知识，需要在“通俗易懂的入门书籍”和“较为难懂且售价超过5000日元的专业书籍”之间进行某种程度上的取舍。也只有在大型书店里，才能找到和购买到这样的书籍。

3.购买8本关于该专业领域的书籍，以及2本非该专业领域的书籍

进到书店以后，首先要找到分类的书柜或书架。如果是想看关于“市场营销”方面的书籍，那就去市场管理类的书柜或书架上找。

将书架上自己感兴趣的书，都拿下来随意翻阅翻阅。

这里要注意，在书店里翻阅书籍时动作要轻，避免损坏书籍。

然后从自己所翻阅的书籍中，选出10本自己感觉有较高“能量”的书，或者是让自己的身体产生某种“共鸣”的书。这种感觉类似于《怦然心动的人生整理魔法》一书的作者近藤麻理惠所说的，当我们接触到某种物体时，“内心会变得激动和亢奋”。

拓展我们专业领域的秘诀，就在于当我们在挑选书籍时，这10本书中除了要有一般的专业书外，**还要选择2本入门级的书、2本较难的专业书，以及2本与该专业无关的书籍**。

对于入门级的书，可以挑选那些带有图示的、通俗易懂的。之所以选择入门级的书，主要基于以下两大原因：

其一，为了更容易明白该专业领域的内容，有助于从整体上进行学习。我想大家都会这么想吧！

其二，当我们最终掌握了该专业领域的知识后，**能帮助我们将其内容转变为自己的语言**。我们都会有这样的一种倾向，那就是当我们在专业领域研究得非常深入以后，总是会用专业的术语来说明事物。

但是，优秀的专家往往都懂得用大家都能听懂的、最容易理解的语言来说明。

而挑选非该专业领域的书籍的原因，在于**加入意外性和创新性，让我们能从一个全新的角度来对其进行理解**。詹姆斯·韦伯·扬在他的《创意的生成》一书中就曾提到，新的创意都是通过将既有的事物与不同领域的其他事物进行组合而产生出来的。

当然，也许有人会问："要一口气买下10本书吗？"

如果你真的打算拓展自己的专业领域的话，那么最好把这些书都买下来。

我在当学生时，也曾觉得一次性买下10本书太奢侈了。有些专业书籍的价格更是会超过3000日元，买10本的话就得要3万日元。对于穷学生来说，这确实是一笔不小的花费，但最终我还是狠下心买了下来。当然，自己的人生也因此被改变了。

当我们去挑战阅读一本500页厚的书籍时，"阅读"行为本身就会给我们带来一些新的体验。

我至今仍记得当时所购买的朱利安·杰恩斯的《二分心智的崩塌：人类意识的起源》、托尔·诺里特朗德的《使用者的幻觉》、詹姆斯·柯林斯与杰里·波勒斯合著的《基业长青》等书中的内容。**也许是因为昂贵，所以才会在头脑中留下深刻印象吧！**

如果你觉得这本书有价值的话，那就去投资，否则你就无法确定它是否真的有价值。我们花钱买书，也是对这本书的作者的一种尊重。

说不定，有些作者就是靠着这微薄的版税维持生活的呢，我们花钱购书的行为，也是对出版业的一种支持。

只用两天时间，让自己掌握专家级知识

那么，下面就来说说具体该从哪里着手。

我们所用的方法，也就是第2章介绍的如何用“共振阅读法”来阅读大量书籍的方法。

运用这个方法，不仅能做到短时间内阅读几十本书，还能让你掌握专业性的知识。

通过“共振阅读”掌握专业性知识的步骤

①设定阅读的目的。

②将所有的书籍拍到一张照片中。

③随意翻阅所有的书籍，然后休息。

④找出“共振词汇”。

⑤从书中找出与之关联的内容。

⑥用自己的话进行总结。

⑦想出自己的“关键词”。

⑧利用这些“关键词”找到新的切入口（意见）。

⑨基于新的切入口，撰写报告或笔记。

准备工作

- 购买10本与自己打算学习的专业知识相关的书籍。
- 白纸（A4大小或者笔记本即可）。
- 笔（推荐准备12色的彩笔，这样能有许多颜色可供使用）。

接下来，就赶快来实践一下吧。

①设定阅读的目的

最开始的一步，是要想好进行“共振阅读”的目的。而且，**最好是与你个人相关的一个目的**。

通过阅读你想要实现什么？要注意用具体的数值表示出来。

例如，如果你想要“学习让自己写得一手好文章的方法”，那么不应该设定“学会写文章”这样笼统的目的。而是像下面这样：

“想成为靠写文章一年挣500万日元的人。”

“为了自己的博客能有100万次的点击率，想学习具体的写作技巧。”

“想只用10分钟的时间，就能洋洋洒洒地写出3000字的文章来。”

关键是**要在设定目标时，加入一些具体的数字**。

同时，这个目的也应是以对你“有用”的、能够直接与你的人生和事业相关联的为宜。

②将所有的书籍拍到一张照片中

下一步，是将所有的书都拍到一张照片中。

看着拍下来的照片，再次**确认一下所挑选的这些书是否都与自己的阅读目的相契合**。

为了更好地拓展自己的专业领域，**也可以再追加两本与该领域完全不同内容或意见的书籍**。当然，拍照片也是为了随后提醒自己，别忘了要读哪些书。

③随意翻阅所有的书籍，然后休息

接着，就是对所有的书都进行随意地翻阅。这一步的要点在于，要让我们的身体保持“亢奋”的状态，怀揣着非常强烈的意图去书中搜索。然后，**将这些书按照自己所感知到的“能量”强弱进行排序**。

排完序后，让自己休息一下。**至少要保证不低于5分钟的休息时间**。

④找出“共振词汇”

在这一步绘制“共振地图”。对排序靠前的4～6本书，采用“共振阅读法”进行阅读。

由于第2章中所介绍的“共振阅读法”的“步骤1”已经做完了，所以这里可以只进行“步骤2”和“步骤3”的内容。

⑤从书中找出与之关联的内容

完成了“共振阅读法”的“步骤3”之后，一边看着绘制出的“共振地图”，一边从书中找出与之相关的用语或内容。

找出你觉得值得深挖的部分进行阅读。**关键是要能找出这本书与其他书籍的“异同点”，以及其“创新之处”**。

当我们找出每本书的“异同点”与“创新之处”后，要及时地在对应的每一张“共振地图”上进行记录。要记住，在这个环节没必要进行特别细致的阅读。

可以在自己脑中想象这样的场景，**“这些书的作者集体前来参加由你设定主题的会议”**。然后，对于你所设定的主题进行自由的对话讨论，从而产生出新的发现。

⑥用自己的话进行总结

当我们记录完所有的内容之后，再看一看绘制出的“共振地图”。

将打算阅读的书拍到一张照片中

将书籍排序并摆放好

可以说，针对你所设定的主题，这些该领域的专家已经给出了各种各样的意见。而你需要**从公平、客观、中立的立场出发，分析这些意见的相同点与不同点，并进行评价**。

然后，用自己的语言总结这些作者的意见内容。

⑦想出自己的“关键词”

再看着“共振地图”上所记录的“共振词汇”以及各种笔记，想出属于自己的“关键词”。

这些“关键词”大致可分为目前你所拥有的“资源、实力”，以及正在努力的或将来打算去做的“活动、打算”。

可以按照下面的标准，来选择一些词汇作为“关键词”。

挑选出与“目前已经做到的事情”有关的8个词汇。

挑选出与“正在努力或者将来打算做的事情”有关的9个词汇。

共计17个词，这些就是属于你自己的“关键词”。

所谓的“关键词”，就是能够让别人联想起这个人的一些“标签”。例如，一说起曾写过多本与“钱”相关的著作的作家本田健，人们就会想起“小富翁”“毕生事业”“导师”等这些词。也就是说，一提起这些词就能让人联想到这个作者，这些就叫作“关键词”。

⑧利用这些“关键词”找到新的切入口（意见）

利用在⑦步中所找到的17个“关键词”，结合自己的阅读目的找出新的切入口。这个新的切入口，应该是能让人感觉到“新意”的内容。

例如，你目前已经掌握的能力是“英语”，而今后打算去做的事情是“教育”，那么这个新的切入口就可以是“用2个小时学会说英语的7个诀窍”这样的内容。

抑或，你目前已经掌握的能力是与“日本料理”和“餐桌教育”有关的，而你今后打算去做的是“适合日本人的饮食方式”，那么新的切入口就可以是“日本式的、能改变自我的最强日本料理”。像这样，**通过这些“关键词”将新的切入口写成一个句子的方式，可以尝试多写出几个来**。数量上不做限制，能写多少写多少。

⑨基于新的切入口，撰写报告或笔记

基于自己想出来的几个新的切入口，立刻动手撰写出报告或者博客日志、论文。

瞬间学会阅读管理类英文书籍的诀窍

其实，大部分的日本人已经能够阅读英文书籍了。但如果你仍然觉得自己看不了英文书籍，那只能说是因为你还没有掌握英语阅读的诀窍。

《30天开口说英语》一书的作者新条正惠曾说过，短时间内学会说英语的诀窍，就是将迄今为止所学过的英语都用起来。

"说英语"与"看英语"也是同样的道理。我们在学校时就已经长时间地接触过英语。从中学到高中，再到日常生活中随处可见的各种标志等，可以说我们每个人接触英语的时间，至少有6至10年之久了。因此，无论是英语单词也好，还是语法也好，我们其实都是具备阅读英文书籍的必要能力的。

IT企业顾问奥田将史，虽然在托业（TOEIC）考试中取得了较高的分数，但是仍然无法轻松地阅读管理类的英文书籍。

他在实践了下面将要介绍的方法后，成功将英文书籍的阅读时间由原先的两个月，缩短至一个小时。

那么，接下来就说一说其中的秘诀吧。

瞬间学会阅读管理类英文书籍的诀窍

①先读翻译版的书，然后在阅读原版书时与其进行对比。

②阅读英文书籍时，注意搜集该作者的一些信息（主页、照片、维基百科等）。

③结合字幕来观看作者的一些视频资料。

①先读翻译版的书，然后在阅读原版书时与其进行对比

推荐大家先从翻译版的书籍开始读起是有原因的。因为，这样能够在**我们的大脑中预先创建一个“知识数据库”**。

常常有人问我“我无法阅读管理类的英文书籍，怎样做才能让自己掌握这种能力呢？”

在我的追问下，才了解到他在自己的本专业领域之外，一上来就想阅读管理类的英文书籍。即使这些书都是用母语写的，读起来恐怕也不是那么容易理解的吧。所以，首先我们可以去找来这本书的翻译版来看，以此在自己的脑中预先储备一些相关的知识。

在挑选翻译版和原版书籍时，也要注意与你所设定的阅读目的相结合。

能体现该专业领域最新的内容。

能抓住该专业领域的发展趋势和潮流。

应选择符合上述这两点的作者的书。

例如，如果你设定的阅读目的是“希望能创立自己的新事业”。那么，你就有必要对商业模式进行一番调查。

首先，在亚马逊网站上以“商业模式”为关键词进行检索。可能亚历山大·奥斯特瓦德与伊夫·皮尼厄合著的《商业模式新生代》一书就会出现在你眼前。

我们可以马上买下这本书，并且先用“共振阅读法”阅读其翻译版的内容。

读完如果感觉内容很有意思的话，再购买原版英文书籍。也许有人会担心“完全读不了原版书，看不懂的话该怎么办啊？”但是我们之前不是已经读过翻译版的了嘛，因为对内容是有一定了解的，所以大可不必担心。即使对书中内容有一些疑问，也都能在某种程度上找到答案。

对于所购买的原版英文书籍，也可以像日文书籍一样，尝试用“共振阅读法”来进行阅读。

此时最重要的是，**即使出现了不认识的单词，也不要立刻查字典或者在互联网上搜索**。如果每遇到一个生词就这样做的话，不仅非常耽误时间，而且比较烦琐。

对于比较重要的内容，可以先做上记号，然后去翻译版的书中看看是怎么翻译的，也可以在完成“共振阅读”的五个步骤之后，再去查一查这个词。

②阅读英文书籍时，注意搜集该作者的一些信息（主页、照片、维基百科等）

尽可能地找到作者的照片，并通过网站主页、维基百科等途径了解相关的信息。当我们看到作者的照片后，才更容易想象他是一个什么样的人。

还有一个比较有效的方法，是利用“领英”（LinkedIn）网站（https://www.linkedin.com/）来搜集信息。“领英”网是世界上最大规模的职业社交网站。关于该作者的一些履历以及从业关系等都可以查到，相较于书后的“作者简介”，能提供给我们更多的信息。

特别是有些书我们无法找到翻译版本时，就要尽可能多搜集关于该作者的信息。

一上来就阅读原版书籍的话，容易因为很多内容看不懂而感到茫然不知所措。所以，事先自己能多掌握一些信息，就显得至关重要了。

③结合字幕（英语的或日语的）来观看作者的一些视频资料

当我们观看作者的一些视频资料时，最好能结合字幕来看。同时，也要留意其工作、说话的方式、嗓音以及面部的表情等。

最近，国外很多参加过TED、TEDx等演讲节目的人都出书了，所以，与以往相比，我们能够找到作者的视频资料的概率，也就更大了。

搜索视频的方法也非常简单。只需在谷歌等搜索引擎中以作者的名字为关键词进行检索，然后点击“视频”那一类，即可看到该作者的视频资料。

结合上述这三个要点，按照“共振阅读法”的步骤，大家都可以轻松阅读英文书籍。

高效使用美国亚马逊网站的方法

我一年要阅读超过500本的管理类英文书籍。

也许有的人乍一听会觉得不可思议，但只要你能掌握之前所介绍的这些方法，那么相信我，你也同样能够做到。

很多人会好奇地问我“你是如何购买这些书的呢？”在这里我就向大家介绍一下，我购买这些英文原版书籍、专业书籍的方法。

对于管理类的英文书籍来说，其出版的新鲜度决定了其价值，因此我通常是在美国的亚马逊网站（http://www.amazon.com/）上购买Kindle版的电子书。

如何在Kindle上进行“共振阅读”，相关内容我已经在第2章中介绍过了。

这里我主要再说说如何高效地使用美国亚马逊网站。

使用美国亚马逊网站的技巧

· 注意看分类目录。

· 利用好检索功能，以及页面左侧的“最近30天”“最近90天”等筛选功能。

通过“最近30天”筛选之后，我们可以了解到最新的图书排行，以及国外读者所关注的热点图书。

点击“按人气排序”，就能让我们了解到最新的信息；点击“按出版日期排序”，则能让我们了解又有哪些新书出版了。

而“最近90天”则会显示出较长一段时间的信息，可以让我们了解近三个月来的趋势。一个月前热卖的、备受关注的图书，可能三个月后就无人问津了。像这样的情况时有发生。

就像前面所说的那样，在亚马逊网站上买书的一大好处，就是能够掌握“书籍的新鲜度”。在全球化的今天，只要掌握一点点的英语能力，就能让自己了解到国外的优质信息。

我在教授读书方法的同时，也从事顾问的工作，为一些企业的改革创新出谋划策。这种情况下，最不可或缺的就是通过优质的信息，来准确把握未来的发展动向。

尽早获得可靠性较高的信息，才能在商场中保持领先的地位。通常国外的优质书籍被引进后，还需要3～6个月的翻译过程，而正是因为有了Kindle这样的电子书工具，才能让我们在书籍出版后的第一时间就读到。哪怕只是知道了“书名”这样细小的信息，也能让我们领先别人一步。

在用“最近90天”筛选过以后，别忘了再去实体书店的原版书专柜看看能不能买到实体书。毕竟翻书的感觉与看电子书的感觉，还是不太一样的。

与其他国家相比，日本有不少书店都能够买到原版的英文书籍，但这里还是要向大家推荐三家比较好的实体书店。

· 位于新宿的“纪伊国屋书店”新宿南店

· 位于大阪梅田的“茑屋书店”

· 位于东京的“丸善书店”丸之内总店

在这三家书店里都能买到很多原版英文书籍，强烈推荐大家都去逛一逛。

第5章 通过阅读取得成果，不然一事无成

只有将书中的知识转化为金钱的人，才能更好地生存

在工业化（产业化）社会，讲求的是效率至上。

在信息化社会，“速度”则意味着一切。而如今，我们正在**从“信息化社会”向“知识创造型社会”过渡**。

我们要想取得成果，必须事先搜集大量的信息，然后再进行知识创造的工作。即**将通过阅读获得的信息，每个人从不同的切入口进行理解并将其知识化，从而产生成果**。

那么，这里我们再来看一看第1章提过的“阅读的四种形式”。

通过“共振阅读法”，从“通读”向“速读”转变，然后再“泛读”大量的书籍。在“泛读”之后，根据自己找到的切入口形成新的观点，达到“熟读、精读”的程度。

“熟读、精读”就是要将获得的“信息”转变成自己掌握的“知识”。只有你自己独立的“想法”或“知识”才具有价值。如

“阅读”的四种形式

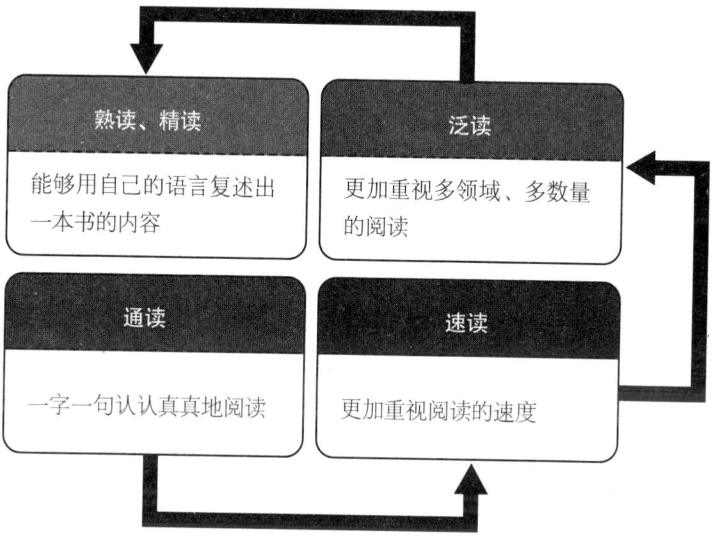

果这个“知识”还能契合市场的需求，那么将更具价值。

知识创造型社会的主题，就是能对每一个个体的需求提供解决对策。伦敦商学院的琳达·格拉顿说，**时代的需求正在从“大量消费”向“能让人倾注热情的体验和服务”转变**。

那么，我们该如何将知识转变为金钱呢？

我们该怎么做，才能成为“从阅读中受益”的人呢？

接下来，就来说一说这方面的内容。

为什么年收入越高的人越喜欢阅读？

年收入越高的人越喜欢阅读。

阅读与金钱，二者乍一看好像没有什么关系。但是，通过一个人的书房，能对这个人的人生和价值观有一定的了解。这也是我在学生时代采访了100多名企业家所得出的结论。

那么，我的这种体会是真的吗？

我们再来看一些客观的数据。

根据财团法人出版文化产业振兴财团于2009年发布的《现代人的阅读状态调查》显示，日本成年人一般每月的平均阅读量为1册左右。而完全不阅读的人，平均每4人中就有1人。

从这次的调查结果中还可以得出这样的信息：年收入越高的家庭，其阅读量也越多。

在回答“1个月最少看3本书”的群体中，家庭年收入在“1500万日元以上”的人所占比例最多，为40.5%。而“1个月1本书也不看”的群体中，家庭年收入在“1500万日元以上”的人所占比例也是最少的，仅仅为9.5%。回答“阅读量为0册”的群体中，所占比例最多的是“年收入不足300万～500万日元”的人，为28.8%。由此可见，二者之间的差距是多么巨大。

而一些杂志的专题报道中，也可以看出“阅读时间”与“年收入”之间存在一定的关系。

*President*杂志曾刊载了题为“带来事业财富的书、让人变傻的书”的专题报道。其中以1000名商务人士为对象进行了问卷调查，得出了以下结果。

年收入在500万日元的群体中，有近半数的人每天用在阅读上的时间不足5分钟，而**年收入在1500万日元以上的群体中，有4成人平均每天要花30分钟以上的时间进行阅读**。由此可见“阅读时间”与“年收入”之间的关系。另外，从这次调查结果中还可以看出，年收入超过1500万日元的群体中，有34.6%的人1个月会阅读超过4本书。

通常一本书有200页左右。虽然很难说有什么直接的关系，但是年收入1500万日元的人平均每天阅读30分钟，1个月能看完3～4本书。那么，按照1周看1本书来算的话，平均每本书要用2个半小时到3个半小时的时间。

而利用“共振阅读法”能够做到20～30分钟就看完1本书，阅读速度相当于提升了5～9倍。也就是说，**在精神层面上，能让我们获得与“年收入在7500万～1亿3500万日元”的群体同等的阅读体验**。

是不是很让人大吃一惊呢？只要能用20～30分钟完成阅读，你就能获得与“年收入7500万日元”的人相同的“思维”。

不过，实践也是很有必要的。正如京瓷集团的会长稻盛和夫在他的《活法》一书中所说的那样，有“知道即做到”这样的想法是大错特错的。因为**“知道”与“做到”之间还存在着不可逾越的鸿沟。关键是要将学到的东西，拿到现场去实践和尝试**。

因此，我们通过阅读获取信息，然后将这些信息付诸实践，并将通过实践得到的经验转换为知识，这样才能为我们带来“财富”。

你肯定会问“真的是这样吗？”我以前也曾怀疑过，后来也进行了各种各样的研究，这让我了解到了很多有意思的事情。

世界首富与阅读的关系：比尔·盖茨与沃伦·巴菲特的阅读量是多少？

说起“世界首富”，你的头脑中会想到谁呢？

微软创始人比尔·盖茨。

世界第一的投资家沃伦·巴菲特。

相信很多人都会首先想到这两位吧。其实他们也是卓越的“阅读家”哦！

比尔·盖茨的父亲威廉·盖茨，是一位非常有能力的律师，同时也是一位富豪。他曾说过“我死后，光是遗产税就得缴纳680万美元”。比尔·盖茨就是在这样的父亲的影响下成长的，因此，他认为父亲就是自己的行为范本，也是自己的“知识源泉”。

比尔·盖茨从孩童时代就养成了“学而时习之”的习惯，即使在长大成人后仍保留了这一习惯。

他平均每天有超过1个小时的时间是用于阅读的。到了周末，则会投入更多的时间。另外，还在自己的家中设有私人图书馆，藏书超过1.5万本。

另外，盖茨为了拓宽自己的知识面，每周至少会看1本新闻周刊，而且是遍览其上所有的内容。他曾说过，“如果我只看自己感兴趣的科学或商业相关的内容，那看杂志前的我与看完之后的我，又能有多大的变化呢？”

同样，世界第一的投资家沃伦·巴菲特，每天也是过着“老学究”般的生活。

巴菲特多年的伙伴、伯克希尔·哈撒韦公司的副主席查理·芒格，曾这样介绍巴菲特每天的生活状态：

“巴菲特的时间分配，有超过一半的工作时间是拿来看书的。他会耐心地等待着灵感的产生，其他的时间则用于一对一的会面或者打电话。他之所以能够收获世界性的成功，得益于其日复一日不间断的学习。”

将阅读获得的信息，付诸实践并转化为自己的知识，说不定我们也能实现与他们相同的年收入哦！

阅读实现梦想

阅读能帮助我们实现梦想。

前面介绍的沃伦·巴菲特，在他5岁时就梦想“将来能挣很多的钱，成为大富翁”。作为出生在大恐慌时代的少年，巴菲特与其他的孩子都有着相同的梦想。

那么，巴菲特与其他大部分人的区别，到底又在哪里呢?

关键就在于他为了实现自己的梦想，会去制订行动计划。

巴菲特从孩童时代开始，为了成为富翁就阅读了很多书籍。

比如类似于《挣到1000美元的1000种方法》这样的书。

通过这本书的内容，**他搜集整理了各种成为富翁的计划，之后再结合自身的情况，制订出自己的行动计划并付诸实践**。

大部分实现了梦想的人，都会对自己将来成为什么样子有一个具体的联想。比如说，体育界有棒球明星铃木一朗、足球明星本田圭佑、网球明星锦织圭；娱乐圈有Perfume组合的大本彩乃、女演员多部未华子等。

翻看他们的毕业文集可以发现，他们每个人对自己将来会成为什么样子，都有明确的想法。

“阅读”也是同样的道理。仅仅完成阅读是不够的，还需要带着一定的目的去读，想象着自己将来要成为什么样子，然后制订出相应的行动计划，关键是还要能将其付诸实践。

明治时期领导了“明治维新”运动的那些仁人志士，就是带着相同的目的去做学问的。如培养出渡边华山、佐久间象山、安积艮斋等高徒的儒学大家佐藤一斋，他就说过“要做学问，必先学做人。有了一个高尚的志向，然后才去读书。否则，为了开拓自己的眼界、增加自己的知识而胡乱学习的话，恐怕最终会成为一个傲慢之人，甚至胡作非为。”

西乡隆盛就将佐藤一斋的话当作自己的座右铭，他还特地摘录了101句打动自己内心的“一斋语录”，集结成《手抄言志录》一书。

准成功人士都会反问自己什么？

那么，我们就来思考一下自己想要成为什么样子吧。

想象一下，3年后的你会是什么样子呢？

尝试去想象，3年后的你，会和谁在一起？活跃于什么样的场合？住在哪儿？从事什么工作？

把你所想到的内容，都原原本本地写下来。

3年后的你

- Who（谁）和谁在一起？
- Where（场合）在什么样的场合？
- When（时间） 3年后的几月几日？
- What（做的事情）在做什么？
- Why（原因）为什么要做那件事？
- How（方法）怎样做才能实现？

然后，再思考得长远一些，试想10年后的你会是什么样子呢？

10年可谓是非常重要的一段时间。

如果你现在是三十多岁的话，10年后就已是四十多岁了；二十多岁的话，那就会变成三十多岁；十几岁的话，也会变成二十多岁。10年的时间会给你的生活方式带来巨大的变化。

就像前面所说的那样，自己可以试着想象10年后的自己，将会和谁在一起呢？活跃于什么样的场合呢？住在哪儿？从事什么工作？

把你所想的内容，都原原本本地写下来。

10年后的你

- Who（谁）和谁在一起？
- Where（场合）在什么样的场合？
- When（时间）10年后的几月几日？
- What（做的事情）在做什么？
- Why（原因）为什么要做那件事？
- How（方法）怎样做才能实现？

此前，我曾遇到过很多符合世俗观念的“成功者”。

准确地说，其中三分之一的人，在我遇到他们时属于还未成功的“准成功人士”。

这些“准成功人士”中有一大半，都会反问自己类似上述这些问题。

正是由于他们明确知道自己10年后会成为什么样子，所以也就很清楚将来自己要做什么。对于要过什么样的人生、从事什么行业、与谁共事、工作的地方、掌握什么样的技能等，都会有非常明确的思考。

成功人士的共通之处，就是他们都会针对10年后的自己进行规划。

而且，也会站在未来的角度，分析从现在起的1年后、3年后、5年后该做什么。

人生也未必就一定符合我们的预想。俗话说“计划赶不上变化”，但是，就好比我们去航海或探险时，手头有没有一张地图，确实也会极大地影响冒险的成功率。

你10年后想成为什么样的人呢？

为了成为你想成为的样子，赶快开始阅读吧。

有助于通过阅读改变人生的工具一：梦想实现篇

这里想向大家介绍三个能够帮助你做到“通过阅读改变人生、实现梦想”的工具。

其中第一个，就是由互联网业界的著名公司——**GMO集团的熊谷正寿所提出的“梦想·人生的金字塔”**。

实际上，我也在GMO集团里工作过。学生时代我就读过熊谷所写的《记事本圆梦计划》《20岁的梦想设计图》等书，感动之余就前去应聘了。

当时我从负责人事的S董事与K部长那里，学习到了熊谷的思考方式，这对我的人生与事业产生了深远的影响。而我之所以能成为现在的样子，也是得益于这一点。这些内容中对我影响最大的，就是上述两本书中都曾提到过的**“梦想·人生的金字塔”**（见192页图示）。

整个金字塔的结构可分为三层，其中“基础层”包含“知识、教养”“健康”“心理、精神”三个方面，而“实现层”则是“事业、社会生活”“家庭、私人生活”两方面，位于最顶端的“成果层”则是“经济、物质、金钱”。

接下来，我再介绍一下简单的运用方法。首先，将所有想做的事情列出一个清单。这个清单中既可以包括此生最想去做的事情，也可以包括自己未来的某种状态。重点是写的时候要想象着自己10年后、20年后的样子。如果手头有细条状的便笺纸的话，写到上面将会更方便后面使用。然后，将写下的内容分别填入“梦想・人生的金字塔”的6大板块中。

往“梦想・人生的金字塔”中填写内容的过程，能够让我们找出自己的“不足之处”或者发现“不平衡”的地方。金字塔最底层的“基础层”都得以实现的话，“实现层”获得成功的概率才会更高，也会让自己更加接近金字塔顶端的“成果层”。

举例来说，假设你将“实现年收入达3000万日元”这个目标当作“经济、物质、金钱”的部分，那么，列入基础层面的“知识、教养”中如果没有“学习税务、会计、法务等知识，能听懂专家的发言”这些内容的话，无论你怎么努力，可能也无法实现这个目标。

此外，如果真的实现了年收入3000万日元，工作也会非常辛苦。

“梦想·人生的金字塔”的结构

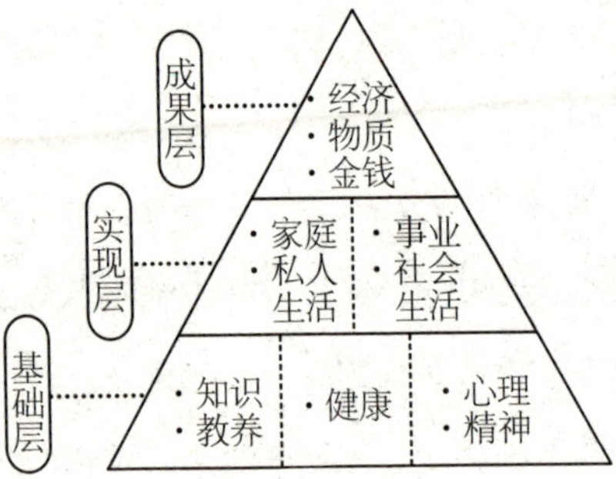

※摘自熊谷正寿：《记事本圆梦计划》

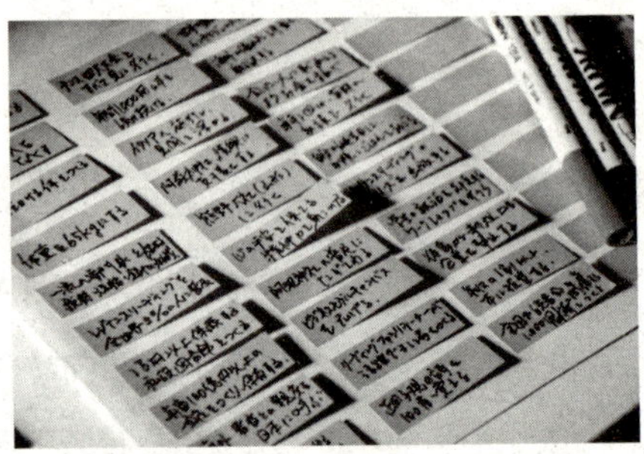

将想做的事情的清单写在便笺纸上。

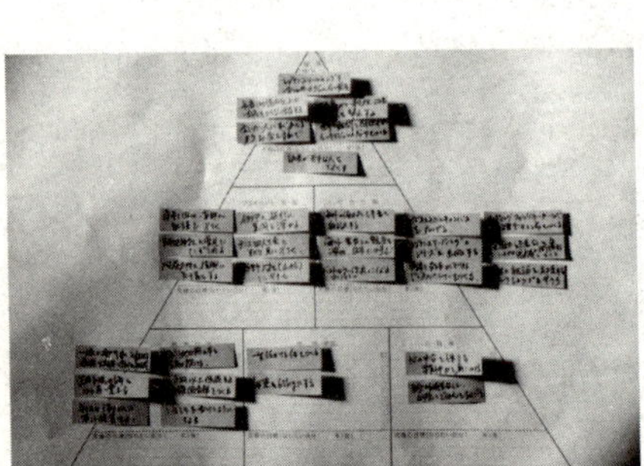

将便笺纸贴到各个板块中，找出“不足之处”或发现“不平衡”的地方。

因此，如果在健康方面没有考虑过“锻炼出一个能工作一辈子的好身体”的话，那么实现这个梦想的“平衡性”也就会遭到破坏，即使最终实现了目标，也有可能让自己的身体状况出现问题。就企业的运营来说，公司开始走下坡路，经常与经营者的身体状况出现问题有很大的关系。

像这样，**在“梦想·人生的金字塔”的6大板块中，填入自己想要做的事情，并达成“平衡”的状态**。对于出现空白的部分，则要重新思考。

通过这个“金字塔”，能够让我们清楚地知道自己还有哪些不足，从而明白接下来该看哪方面的书。

请大家务必试一下这个“梦想·人生的金字塔”，思考该读哪些书，并制订出相应的计划。而且，对于选定的书或者某一类别的书，要做到每天读一本。

通过这种方式，将你的梦想转化为行动，行动养成习惯，习惯成为性格，从而最终改变你的人生。

差不多3年的时间，就能让你感觉到很明显的改变；甚至只需21天，就可以感觉到变化正在发生。所以，大家务必挑战一下！

有助于通过阅读改变人生的工具二：未来愿景篇

另一个重要的工具，就是绘制“未来蓝图”。“未来蓝图”是《全脑思考》《故事线思考》等书中都介绍过的方法，是由经营顾问兼作家的神田昌典开发出来的一种“富有日本特点”的知识创造方法。

通过运用“未来蓝图”帮助我们**描绘出未来的愿景，从而能进行反推，跳脱出自己的思维框架，明白现在应该去做什么，并制订出行动计划**。

“未来蓝图”主要包括了两行三列共6个板块。可以在蓝图左上方写下希望达成的目标主题，右上方则要注意，这里并不是要绘制作者的样子，而是自己想要120%讨好的对象。然后绘制曲线，并写下让这个对象变开心的故事线，从这些内容中获得达成目标的启示，从而制订出行动计划。

我自己就将这种“未来蓝图”运用到日常生活与工作的方方面

面。运用绘制的“未来蓝图”，我谈成了一笔2亿5000万日元的生意，还创立了新的业务和服务，同时也有助于设计新的培训方式。甚至撰写本书的计划，也是通过“未来蓝图”想出来的。

实际上，“共振阅读法”的原型就是这个“未来蓝图”。无论是用一张纸绘制曲线，还是三栏式表格等元素，都是从“未来蓝图”中借鉴而来的。因此，二者都有一些共通之处。

相信看到这里的读者，也会很快理解这种“未来蓝图”。如果你觉得“共振阅读法”是一个非常有用的阅读方法的话，那么也请务必尝试一下它的原型“未来蓝图”，它一定会给你的工作和生活带来帮助。

知识创造工具“未来蓝图”

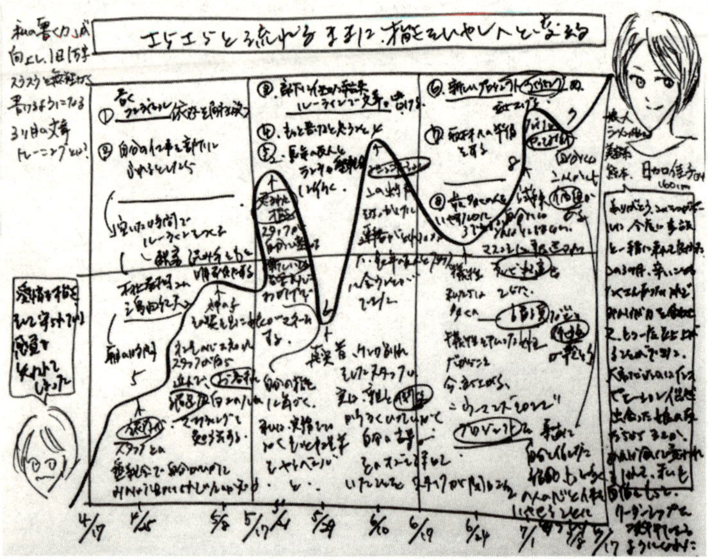

这是我自己绘制的，其中虚构的人物是用我在熊本的四个挚友名字的头一个字拼凑起来的，以这个“日加”小姐为讨好的对象。

有助于通过阅读改变人生的工具三：技能提升篇

下一个有助于通过阅读改变人生的工具，就是全球畅销书《商业模式新生代》中所介绍的“商业模式画布”。

这是一种以经营者的视角，在一张纸上绘制商业模式的工具。我从原书中学会了这种方法后，将其运用到了自己的工作中，取得了不错的成果。

通过使用这种“商业模式画布”，可以让你掌握提升技能所必需的信息与知识，让你变成大有成就的商界人才。

“商业模式画布”主要由9个关键要素构成

如199页图中所示，包括了表示经营资源的“核心资源”、能提升销售额的“关键业务”、从外部支援本公司的“重要伙伴”、表示目标客户的“客户细分”、表示服务与商品价值的“价值主张”、表示将服务或商品送至客户的市场活动的“渠道通路”、表示与客户之间关系的“客户关系”，以及“收入来源”“成本结构”这9个要素。

简单来说，“商业模式”就是由这9个要素构成的。经营者对公司的运营管理，主要也是围绕这9个要素进行的。**很多经营管理类书籍，讲的也是关于这9个要素的内容**。

例如，你思考的是关于能提高本公司销售额的活动。

而销售额大体上来说就是“单价×数量”。所以，要选择是单方面地提高二者中的一个，还是说要同时进行提高？如果决定要提高“单价”的话，那么是直接一上来就实施涨价呢，还是有必要先学习关于提高商品单价的经营方法呢？

而为了提高销售数量，也有必要学习一些能让更多消费者了解这款商品的“渠道”（即市场）方面的知识。

我们再来换个目标，假如你正在思考的是如何削减成本，那么你就要将目光放在“核心资源”上了。“核心资源”即经营资源，包括了系统、工厂、特许、权利、人工费等。所以，我们有必要学习如何更好地利用人才，以及让系统与工厂最优组合的管理方法。

如果你想要在商业上取得成就，可以参考这个“商业模式画布”上的内容，**挑选今后打算阅读的商业管理类、经济类以及经营类方面的专业书籍，列出一个属于自己的“书单”**。

实际上，对“共振阅读法”学习者的问卷调查显示，**“大约**

商业模式画布

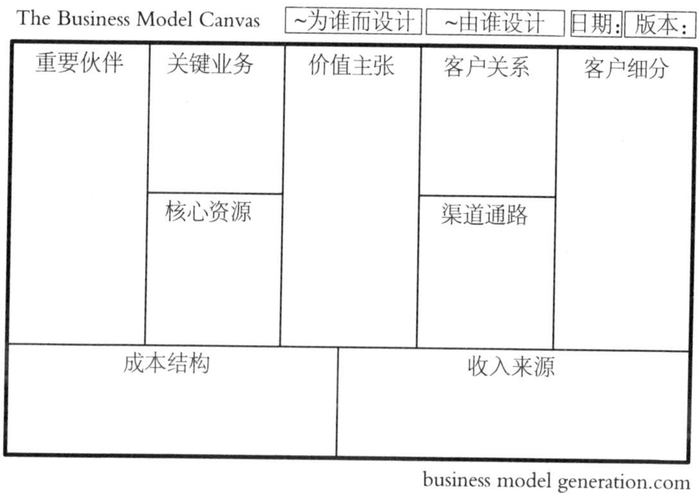

在各个板块中填入能够提升对应技能的书籍，以此来列出一个书单

有七成的人，他们的收入较学习前有了提高”或者“有了提高的可能”。

所以，请大家也务必列出一个书单。这样才能让你的职业生涯跨上一个新台阶。

“书籍梦之队”，组建你的智囊团

此前，我们已经介绍了如何列出与自己人生和事业有关的“书单”。接下来，我们还可以在此基础上，尝试**组建属于自己的智囊团——“书籍梦之队”**。

很多世界名人在遇到问题或烦恼时，都会选择与自己脑中的“梦之队”进行对话。

希拉里·克林顿就曾说过，她的丈夫比尔·克林顿在担任美国总统期间，就会想象历届总统齐聚会议室里的场景，然后思考如果换作他们会作出什么样的决断。

亚马逊网站的创始人杰夫·贝佐斯也会想象会议室空无一人的座位上坐满了对于亚马逊来说最重要的人——顾客。通过这样的方式，才能让自己站在顾客的视角上来思考如何提供更好的服务。

我也在自己脑中组建了一个属于自己的“书籍梦之队”，这样**当我遇到某个问题时，就能立马想到要去某本书中寻找答案**。

我从学生时代开始，就非常尊敬创业企业家、经营顾问、明星运动员等。

其中，创业企业家包括了GMO集团的熊谷正寿、乐天集团的三木谷浩史、CyberAgent的藤田晋社长等。这些创业英雄们都会出版自传或者专业方面的书籍，通过阅读这些书可以让我了解创业的过程，以及如何在事业上获得成功。

此外，关于经营顾问方面的书，建议购买那些有实操经验的顾问所写的书。特别是神田昌典写的书，就曾经深深地影响了我。他在那个时代显得非常与众不同，除了是经营顾问外，他还是企业的经营者，同时也是一名作家。可以说他在事业发展的同时，一直在各种身份之间切换着。

国外的经营顾问所写的书籍，也可以选入到“梦之队”里来。如欧洲的创新顾问Gijs van Wulfen所著的*The Innovation Expeditipon*!等，这些都是在企业中实际领导过创新工作、有振兴事业的经验的人所写的书籍，所以非常有“含金量”。

在纯学术研究领域，则推荐《基业长青》《商业模式新生代》等书。

可以反复地阅读“书籍梦之队”中的这些书籍。因为每读一遍，都会有新的发现。

这是因为随着我们自身的成长，阅读的视角也较当时发生了变化。通过发现当时未曾注意到的内容，发现我们自己的成长，这也是一件快乐的事情。

你脑中的“书籍梦之队”，又是由哪些书构成的呢？

很多报纸和杂志特刊中会刊登一些**经营者或演员所推荐的书，这些是我们可以考虑购买的书**。**此外，还有在你脑中浮现出的人物所写的书**，这相当于让这个人一直作为你的“智囊”，**为你提供支持与帮助**。

而你所要做的就是进行“共振阅读”而已。只需要通过这种方式，就可以让你心中理想的“智囊”针对你目前所遇到的困难给出提示或解决之策。

为什么"阅读"是磨炼自己才能的最具性价比的方法?

书籍具有超越时空的力量。

在所有的存储媒体中，纸张作为其中的一种，具有长久的存储能力，甚至历经数百年后，上面的内容仍能被人们读取。

而书籍则可以说是凝聚了作者自己的"人生"与"能量"而写成的。

一本书中所承载的信息，涵盖了作者迄今为止大部分的"经验"与"知识"。

就拿你正在看的本书来说，也是**查阅了约100本参考文献，并且汇聚了本人至今所阅读的约1.5万本书籍的"能量"，才写出来的**。

假设，一本优秀的经营管理类书籍，是基于100本专业书籍写成的。而专业书籍的价格为2000～4000日元。那么，按每本均价3000日元来计算的话，仅仅为了写这本书，就需要付出30万日元的代价。

另外，我曾经听国外的作者说过，写一本书要花1～2年的时间。按照国外作者的平均年收入1500万日元来计算的话，其中凝结的劳动力价值就是2000万～3000万日元。

而我们只需要支付1500日元就能购买一本书，所以**“买书”这件事可以说是性价比非常高的一件事了**。并且，如果我们利用“共振阅读法”来读的话，一般要用2个小时才能看完的200页图书，现在用较之前6倍的速度就能从中获取我们想要的信息。

不仅仅是停留在对该作者言行的了解上，还能产生“作者就站在面前”的感觉，针对你所遇到的烦恼或问题，间接地从他那里获得相应的信息。

只要我们熟练地加以利用，这将是最便宜、最快速地磨炼自己才能的方法。

“共振阅读法”，借助作者脑力来阅读

下面就来介绍借用作者脑力的具体方法，这种方法也被称为“共振阅读·天才方法”。

这是参考Win Wenger博士的“复兴计划”（http://www.winwenger.com/）中所介绍过的方法而提出来的。Win Wenger博士此前因为与他人合著的*The Einstein Factor*一书而广为人知。

要准备的东西

- 想要借力的作者的书、该书的“共振地图”
- 便笺纸、笔

共振阅读·天才方法

①写下日常生活中亟须解决的问题，数量要超过6个。

②将这些问题一个一个地写到便笺纸上，然后对折三次直到看不见其上的内容。

③将想要借力的作者的书，以及这本书的“共振地图”放在手边。

④用右手拿着书和便笺纸，同时用左手描之前在“共振地图”上绘制的“曲线”。

⑤左手在移动时，心中要想着“能够解决这个问题的答案到底在哪儿呢？”

⑥看一下左手停住的位置，确认好对应的页码。

⑦在翻到那一页前，首先打开折叠的便笺纸，看看问题的具体内容。

⑧看过问题之后，立刻翻到那一页。然后，尝试着从那一页的内容中找出问题的答案。

⑨之后继续重复④~⑧的步骤，直至所有问题都找到答案。

通过这种方式，让作者以及“书籍梦之队”中的智囊们对你的日常生活给出具体的建议。

要点就是要准备超过6个以上的问题。2001年，密苏里大学的纳尔逊·考恩教授进行的一项名为“魔力数字4±1”的研究显示，人类短期记忆的信息量大约就是4±1的范围。

就像之前在“共振地图”上要标记超过6处位置一样，这里我们则要准备超过6个问题，这样才能超出自我意识的限制，从作者或“书籍梦之队”的智囊那里获得有用的建议。

阅读原版书，结识领域一流人才

之前在第4章中，已经介绍了阅读英文书籍的方法。

这里再来说说这么做的好处。

坚持阅读原版书，能让我们实现与国外作者的交流。而这也会使我们的人生产生极大的飞跃。

2015年，我与入选“Thinkers50”（全球最具影响力的经营思想家）的伊夫·皮尼厄的会面，带给了我很大的冲击。

《商业模式新生代》在日本很长一段时间内都是十分畅销的一本书。当初其原版书在国外出版时，我就在Facebook网站上向伊夫先生发出了添加好友的申请。结果一年后的某天，我突然就收到了一条消息。“我是《商业模式新生代》的作者伊夫。今年我会前往亚洲，这个月底将去东京旅行。康弘君，现在居住在东京吗？方便的话我们见个面吧？”

可以说，**与伊夫先生的会面，给我的人生带来了飞跃式的变化。**

当时，不擅说英语的我，还特地邀请了在外资制药企业工作、英语非常棒的山本伸与我一同赴约。后来，我又与山本君一起成立了“商业模式革新协会”。

“商业模式革新协会”的主要工作之一，就是在日本推广由伊夫先生提出的“商业模式画布”概念。由《商业模式新生代》的译者兼“HACKS！”系列书籍的作者小山龙介先生任荣誉理事，并以向全世界介绍日本优秀的商业模式为己任开展活动。

之所以会想到成立这个协会，也是完全源自与伊夫先生的会面，因此可以说这是我人生中不可思议的一次会面。

除此之外，因为阅读原版书，我还有幸结识了欧洲知名的创新顾问Gijs van Wulfen先生。

由于我经常会接受出版社的邀约，对翻译的书稿进行校对或者提出意见和审读等工作，因而有机会与Gijs先生相识。现在也在邀请Gijs先生来日本，推广其所创立的“Forth革新法”，以推动企业内部的创新。

了解一本书的瞬间，就能带来良缘

“最近读的哪本书比较有意思？”

“你觉得迄今为止所读过的书里，哪一本是最有趣的？”

我每次与重要的客人见面时，都会向对方提出这样的问题。

在得到具体的答复后，就会征求对方的同意，当场在手机上下单购买他提到的那本书。

当然，对于Facebook或者Twitter这样的社交网站也是一样的，如果觉得对方所推荐的书有意思的话，也会马上下单购买。

我们听到书名的那一瞬间，也是一个最佳的时机。

特别是我当场决定购买的这一行为，会让对方感到欣慰，至少会让对方觉得我是一个行动迅速的人。

而通过“共振阅读法”，则能够很快地读完这本书，并了解到其中哪些内容是对我有用的，之后如果时间充裕的话，还可以将我们的读后感反馈给推荐者。

不过话虽这么说，常常也会有很多书是我们最终并不想购买的。如果读后一点也想不起来其中的内容，就说明这本书并不值得购买。

对于喜欢阅读的我来说，**最新的经营管理类书籍，意味着必须是上市后3天内就读到的**。说起原因的话，那就是信息价值的一种体现，就在于它的“时效性”。

此外，**当我们获取一条信息后，可能也会为我们带来从未预想过的结果**。

在福岛地区从事商业顾问工作的阿部宪夫，曾向我推荐过一些书籍。

某次聚会上，大家聊起了中国古典文化的话题。突然，阿部就问我：“你知道安积艮斋吗？”

当然，若是现在的我肯定能回答得出来，“安积艮斋师从于佐藤一斋，同时也是吉田松阴、岩崎弥太郎等人的老师，故乡是在福岛的郡山，是江户时代晚期具有传奇色彩的儒学大家”。

但当时我真的对安积艮斋一无所知。所以我立刻用手机在亚马逊网站上下单购买了关于他的书，也正因为这个契机，**让我弄清楚了很长一段时间以来都没弄明白的事情**。

当时的我一直在心中思考：为什么共振阅读法能实现快速阅读？还有，我到底是什么时候掌握了默读能力的呢？而这些疑问一直都没有找到答案。

于是，我就去查有关“阅读”的历史记载。奥古斯丁（354—430年）在他的《忏悔录》一书中，描述过“默读”的样子：奥古斯丁的老师圣安波罗修用眼睛浏览书上的内容，同时在心中搜寻其含义，但他并没有发出声音。这应该是西方文献中对“默读”最早的描述了。

那么，在东方又是怎样的呢？中国北宋时期的画家、诗人、书法家苏轼，曾有诗云，“不如默诵千万首”。对于苏轼这个人，我当时完全没有印象。但是后来在我买的《安积艮斋》这本书中，却有提到苏轼的内容。

其中写道：“苏轼以三寸之笔写就华丽诗篇，让人浮想联翩，堪称传世的佳作。相较于赤壁一战中周瑜的足智多谋，苏轼的文章则更显优秀。此谓‘文字之力量’。”

通过这样的“联系”，又让我增添了对安积艮斋的兴趣，与安积艮斋结下了不解之缘。我后来去了他的故乡郡山，还到访了安积国造神社以及东京的汤岛圣堂等地。我在那里又有了新的发现，也逐渐丰富了自身的知识。

像这种“关联”，就是阅读的乐趣所在了。乍一看好像完全不相干的两件事，通过各种书籍和人产生了联系。我们获得了信息，并立刻转变为行动，从而化作能改变自身的知识。有了这样的经验，就更会自觉地坚持“阅读”与“行动”。

也许正是由于有这样的经验吧，所以很多人都会来问我：“最近觉得比较有趣的书是哪本？”

这种时候，我常常会反问对方：“你最近遇到了什么问题吗？”

在听过对方的回答后，我会将书名、作者以及大概的内容告知对方：“这本书可以读一读。”

最终能收获成果的人，肯定还是那些行动迅速的人。据我所收到的反馈来看，他们会很快买来那本书，然后第二周就来告诉我他们的读后感想，同时也会很快地将其付诸行动，最终收获一定的成果。

所以，你下次再遇到他人时，也赶快问问他有什么好书推荐吧。

阅读之后，产生“进步”的错觉

因与霍金合著《时间简史》而广为人知的物理学家列纳德·蒙洛迪诺，在他所著的《潜意识：控制你行为的秘密》中，从物理学研究者的立场出发，对脑科学以及认知心理学进行了分析，结果他得出了如下结论：

“很多研究表明，人们对自己产生一种‘进步’的错觉，无论是对个人，还是对社会，都是十分有益的一件事。人们对待人生中所遭遇的事情，并不会像对待物理现象那样严谨，而只是从很多的理论中选出一个信之。实际会产生什么样的结果，往往取决于其所相信的是何种理论。”

阅读之后付诸行动，最重要的就在于有这种“进步”的错觉。

我遇到的很多成功者，他们都非常自信。

几乎每个人，无论是从主观上，还是客观上，都对自己的成功坚信不疑。

大家是否都有这样的经验呢？从学校毕业十年以后，发现和当时在班级里的感觉截然不同的人，往往都过得很成功。

大多数日本人都缺乏自信。也许自己能够成功，关键是要能有这样的“错觉”，然后才会去行动。

当然，过分盲目的“自信”，也是很危险的。

创业家埃隆·马斯克曾经说过：“创新必须是建立在物理学定律的基础上。因为，物理有时会推导出与我们的经验、直觉完全相反的答案。”所以，某些时候我们有必要回到客观原则上来。

但是，不是有很多人也获得了意想不到的成功了吗？**我认为这也可以理解为，是通过对自我的约束而取得的意外成功**。

首先，我们先有一个“进步”的错觉，哪怕是毫无事实依据的也没有问题。重要的是要相信“自己一定会成功的”，然后再转换为实际的行动。

后记 阅读完成之后，才真正开启你的人生

◆为了实现人生的梦想

掌握阅读的能力，并不是人生的最终目标。

阅读让我们发现梦想，然后投入行动，最终得以实现，这才是人生真正的目标。

对于所有将本书读到最后的读者，我保证大家只要亲身去实践“共振阅读法”，就一定能做到20分钟看完一本书。

因为你想要掌握阅读的能力，所以你拿到本书的瞬间，就可以说是迈出了第一步。因为想要改变现状、想要过上更好的生活、想要拥有更幸福的人生，所以你接触本书的瞬间，就等于是对过去的一种“治愈”，并引领着你走向未来。

如果通过阅读让你找到了什么才是自己内心真正想要去做的事情，那么请务必投入时间与热情去实践。从一个礼拜、168个小时开始，在这件事上投入更多的时间。只有这样，才能开启你真正与之共鸣的人生。

所谓“共鸣的人生”，就是指每一天都是在实现自己的人生目标，就像是“心想事成”的那种感觉。

想要做的事情，能够顺利且迅速地得以完成。这种加速实现的感觉，说不定是得到了来自未来的帮助哦。

◆从未来的你那里获得帮助的信号

麻省理工学院布拉德福德·思科博士提出的“块状宇宙理论”中说，时间并非像河流一样流淌，“过去”与“未来”都存在于“现在”中。

如果这个理论是正确的话，就会像电影《星际穿越》中所描述的那样，在“现在”这个空间概念中，“现在这个瞬间”可能同时也包含着“未来”与“过去”。

“现在”的你所进行的阅读行为，并不仅仅是为了现在的你，同时也是为了你的“未来”与“过去”。也就是说你的“现在”，也决定了你的“未来”与“过去”。

说不定你也可以像《星际穿越》中那样，能从“未来”看见自己的“过去”，并能够帮助到“现在的你”。

当我们在读一本新书时，却产生了好像之前在哪里读到过的感觉，自己的记忆像被唤醒了似的。

这种感觉，就是我们得到来自未来的帮助的信号。请一定要重视起来。从这本书中，你一定能找到此前一直想做但没有做成的事情。

所以，“共振阅读法”也是一种能超越时空的阅读方法。

“共振”或者“共鸣”一词，就是能治愈内心受打击的“过去”，并将你所期望的“未来”与“现在”关联在一起。通过这本书的“能量”，塑造出一个全新的“现在”。

那么，大家赶快通过“阅读”找出自己心中真正想去做的事情，并将其付诸行动吧。

阅读完本书，才算是真正开启了你的人生。

◆只要有“进步”的想法，无论何时都能重塑人生

在本书的写作进入到尾声时，我又回想起父亲曾赠予我的书籍。

正如我在序章中所说的，曾经的我非常不擅阅读，但即便如此，我仍然希望有朝一日能够掌握阅读的能力。

最主要的原因，就是父亲曾送给我一本“红色的书”和一本“白色的书”，我非常想读它们。书名分别为《莫为琐事而担心》

和《活法》。

十年前，当我真的学会了阅读之后，我又将这两本书找出来重新读了一遍。那时，我才真正理解了父亲当年送我这两本书的用意。

那就是，**只要有“进步”的想法，无论何时都能重塑人生**。

“阅读”确实具有改变人生的力量。

而且毫不夸张地说，书籍也能够在人与人之间产生联系。

本书就是这样的一个例子，正是由于很多人的帮助，本书才能得以出版。

成就如此良缘的人，就是博报堂的小沼利行。小沼君在亲身体验了“共振阅读法”后，对我说：“渡边君，这个方法一定要推广给普罗大众啊！”于是便为我联系了出版社。

他所介绍的正是当年出版了父亲给我的“红色的书”与“白色的书”的SunMark出版社。当最终要做决定时，我特意去浏览了一下这家出版社的网站，结果让我很震惊。因为其首页上写着**“手中的书籍是具有‘能量’的”**这样一句话。

在SunMark出版社的植木宣隆社长致辞的页面上，还有这样的内容：

“一本书凝聚了从作者到与这本书有关的所有人的热情与力

量，通过这本书将其传递给了读者。”

“感知到书中强烈‘能量’的读者，是无法按捺自己心中的这种冲动的。他会想去与他人分享这本书的内容，或者将其作为礼物赠予他人。”

“手中的书籍是具有‘能量’的”……这些表述与“共振阅读法”的精髓不谋而合。当我看到这些内容的时候，不禁感到一种不可思议的缘分。虽然还没有决定最终的出版合作方，但是我已经有了在SunMark出版社出书的意愿。在这之后，从与责任编辑取得联系的那天开始算起，又经过了一年的时间，才有了现在的这本书。

本书最终能够写作完成，也是多亏了来自朋友、前辈、家人、智囊团以及出版社对我这个后辈的关照。在此，我想借这个机会，向大家表示感谢。

首先是帮助实现本书出版的小沼利行。真的非常感谢你！

然后就是愿意跟着我一起学习“共振阅读法”的各位学员。这不仅是一段很棒的体验，同时也非常感谢大家能与我分享很多的感想。没有大家的分享和反馈，就不会有这本书，在此一并表示感谢。

还有向我提供具体案例的多胡久、高段智子、堂丈毅、观元真人、新田晃、片冈朋子、山崎泰央、北村志麻、内藤史治、南部真也、生乃三阳子等人。真的非常感谢大家！在我陷入写作瓶颈期的那段日子，是大家提供的案例拯救了我。

还有教会我什么是商业，以及实现梦想的具体方法的GMO集团的熊谷正寿。也特别感谢他授权允许我在本书中使用“梦想·人生的金字塔”的内容。

教会我享受阅读的乐趣，并使我的人生变得更丰富的神田昌典。如果没有神田君的谆谆教诲，就不会有现在的我。非常感谢！

Photo Reading阅读法的创始人保罗·施利博士、“思维导图”的创始人托尼·布赞先生，正是因为与这些世界领先的教育家的相识，才有了写作本书的想法。还有在本书的写作过程中给予意见的小山龙介、伊夫·皮尼厄、Gijs van Wulfen等，在此也向大家表示感谢。

最后我还要感谢的，就是愿意了解这一“新鲜”阅读方法的各位读者。非常感谢你能够一直读到最后。由衷地向你们表达我的谢意。

特别希望读完本书后，你的人生能变得更美好。希望本书能打消你对于“阅读”的心理阴影，为你提供灵感，成为你开启真正人生之旅的帮手。

同时，也希望你能将本书推荐给更多的人，让他们知道这个世界上并不存在“不擅阅读”的人。并且我也坚信，喜欢阅读的人肯定会越来越多，最终大家都能实现自己的梦想，和谐的世界一定会到来。

希望本书的“能量”能让更多的人内心迸发出温泉般的暖流，都能如理想中的那样，度过人生的每一天。

渡边康弘

我是这样绘制“共振地图”的

在“共振阅读法”的讲座上，我推荐使用“速写本”与“12色的彩笔”。纸张非常有质感，水笔的书写也很流畅，二者可谓是“最佳拍档”。在绘制“共振地图”时，可依当时的心情，使用不同颜色的笔。

我自己在绘制“共振地图”时，会**在旁边画上作者的素描肖像**。当然，有时也会**省略作者的头像、信息点、行动计划等**，只是简单地记录书中的内容。

短文或小说，也都可以用“共振阅读法”来阅读。

英文书以及电子书，同样也可以使用“共振阅读法”来读。即使是完全不懂英文的我，现在每年也会阅读超过500本的英文书籍。其中有七成是电子书。

目的	
行动计划	
书籍名	

图书在版编目（CIP）数据

高效阅读 / （日）渡边康弘著；金磊译. —北京：北京联合出版公司，2017.11（2018.10重印）
ISBN 978-7-5596-0970-0

Ⅰ. ①高… Ⅱ. ①渡… ②金… Ⅲ. ①读书方法
Ⅳ. ①G792

中国版本图书馆CIP数据核字（2017）第234485号

著作权合同登记 图字：01-2017-6354号

高效阅读

作　　者：渡边康弘
译　　者：金　磊
责任编辑：郑晓斌　徐秀琴

北京联合出版公司出版
（北京市西城区德外大街83号楼9层 100088）
北京嘉业印刷厂印刷 新华书店经销
字数125千字 880毫米×1230毫米 1/32 7.75印张
2017年11月第1版 2018年10月第5次印刷
ISBN 978-7-5596-0970-0
定价：38.00元